Ravensburger Freizeit-Taschenbuch Band 113

W0469270

Marie-Luise Kreuter

Mein biologisches Koch- und Gartenbuch

Otto Maier Verlag Ravensburg

Für meine Großmutter und meine Mutter. Von ihnen habe ich die Liebe zum Garten und die Freude am Kochen gelernt.

Die deutsche Erstausgabe erschien unter dem Titel
»Gartenbuch für Genießer oder Kochbuch für Gartenfreunde«
im Hörnemann Verlag (ISBN 3-87384-443-5)
© 1978 Hörnemann Verlag, Bonn-Röttgen
© 1982 der Taschenbuchausgabe Otto Maier Verlag Ravensburg
Umschlagfoto: Franz Lazi, Stuttgart
Gesamtherstellung: Appl, Wemding
Printed in Germany

86 85 84 83 82 5 4 3 2 1

ISBN 3-473-43113-3

Inhalt

Einleitung

Mitten im Erinnerungsbild an Großmutters Garten steht ein großer alter Apfelbaum. Ein Boskop war es, der im Mai blühte wie ein riesiger, rosa-weißer Frühlingsstrauß und im Herbst eine ungeheure Fülle duftender Äpfel trug; Früchte, deren Schale ein wenig rauh und deren Fleisch kernig, saftig und würzig war. Apfelmus oder gedeckter Apfelkuchen von diesem Boskop schmeckte paradiesisch.

Großmutters Garten, das war auch die halbverwilderte Himbeerhecke am Ende des Gemüselandes mit ihrem süßen Sommerduft, das waren die gelben Butterblumen, die den schweren nassen Lehmboden sofort für sich eroberten, wo die Gärtnerin mit der Arbeit nicht Schritt hielt, und das waren die frischen grünen Böhnchen. »Posthörnchen« hießen sie, und die zweite Aussaat reifte im September, wenn im Dorf die Kirmes gefeiert wurde.

Im Sommer herrschte wochenlang die Einmachzeit. Großmutter und Oma Annchen von nebenan saßen im Hof, in weiten gestreiften Schürzen; zwischen ihren Beinen wölbte sich der Stoff wie eine Kinderwiege, rund gefüllt mit Äpfeln, Birnen oder Bohnen. Es wurde geschnibbelt und geschwatzt. Weißkohl in Steintöpfe gestampft und in großen Kesseln süße blubbernde Johannisbeermarmelade gekocht. Niemals ging es dabei hastig zu.

Großmutters Garten mußte Nützliches und Eßbares hervorbringen, denn die Zeiten waren hart nach dem Ersten Weltkrieg, als der Großvater nicht mehr zurückkam aus Rußland und sie fünf Kinder allein großziehen mußte. Im Zweiten Weltkrieg war es nicht viel besser. Der Garten lieferte seinen Segen nun schon für die Enkelkinder, zu denen auch ich gehörte.

Dennoch blieb immer ein wenig Platz übrig für Flieder, Pfingstrosen und goldgelbe Ringelblumen, die Großmutter Jesusblumen nannte. Frisches Gemüse aus dem Garten und Wohlgerüche aus der Küche, das gehört in meinen Erinnerungen zusammen wie Schneeweißchen und Rosenrot. Nie werde ich vergessen,

wie genießerisch Großmutter die Worte »Frische Kartöffelchen« aussprach. Dahinter tauchte sofort das Bild von marzipanzarten Frühkartoffeln mit Butter und Salz auf.
Diese Großmutter, die Arbeit, Muße und Genuß so selbstverständlich und seelenruhig miteinander zu verbinden wußte, las mir in freien Stunden aus der Zeitung vor. Selbst als ich später bemerkte, daß sie die knisternden Blätter dabei verkehrtherum hielt, ließ ich mir nichts anmerken. Je toller die krummen schwarzen Buchstaben auf dem Kopf tanzten, desto erheiternder waren Großmutters Geschichten. Sie blieb dabei ganz ernst, nur in ihren Augenwinkeln funkelte das Lachen. So lernte ich von ihr die Liebe zu den Apfelbäumen, zu den Ringelblumen, zu den grünen Bohnen und die Lust am Fabulieren.
Meine Mutter führte mich einige Jahre später in die duftenden Geheimnisse einer guten Küche ein. Aber es sollte noch eine Zeitlang dauern, bis es mir gelang, alle drei Künste miteinander zu verbinden: das Gärtnern, das Kochen und das Schreiben.
So weit ich zurückdenken kann, habe ich immer in enger Gemeinschaft mit Blumen gelebt. Als ich gelernt hatte, ganz allein einen Weg entlang- und wieder zurückzulaufen, schleppte ich große bunte Feldblumensträuße nach Hause. Ich weiß noch sehr gut, wie ich als ganz kleines Mädchen die zierlichen Feldstiefmütterchen bewunderte und das Filigran der Schachtelhalme.
Als Schulkind säte ich dann an allen freien Stellen des elterlichen Gartens Sommerfuchsien, Atlasblumen, Balsaminen und Löwenmäulchen aus. Einen Weihnachtskaktus, der schon in meinem Mädchenzimmer hing, besitze ich noch heute. 15 Jahre nach dem Abitur fragten mich Klassenkameradinnen, ob ich immer noch Akeleien im Garten hätte. Ich war völlig verblüfft. Natürlich habe ich blaue und rosa Akeleien im Garten, und wo immer ich ein Stückchen Erde bearbeiten werde im Leben, da dürfen diese anmutigen Lieblingsblumen nicht fehlen. Aber woher wußten das die jungen Frauen, die ich viele Jahre nicht gesehen hatte? Sie erzählten mir von einem Aufsatz, den ich einmal über diese Blumen geschrieben hatte – in grauer Vorzeit, wie mir schien, denn ich hatte ihn längst vergessen. Für meine Gefährtinnen auf der Schulbank aber muß schon damals eine auffallende Verbindung bestanden haben zwischen Marie-Luise, Blumen und Schreiberei. Und so ist es wohl – ich kann es nicht leugnen – noch heute. Filzstift und Hacke liegen nahe beieinander, und oft ist es schwierig zu entscheiden, wer von beiden zuerst in die Hand genommen werden muß.
Mit 27 Jahren hatte ich zum ersten Mal einen Garten ganz für mich allein. Auf diesem Stück Erde machte ich meine ganz private Gärtnerlehre. Alles, was ich je gelesen, am Wegrand gesehen oder in stillen Stunden erträumt hatte, probierte ich hier aus. Das Grundstück, das

ich vorfand, war ein langes schmales Handtuch, in der Mitte ganz mit Rasen eingesät. Ein seitlich angelegter Plattenweg ließ es noch länger erscheinen, als es sowieso schon war, und ringsum am Zaun entlang waren in Reih und Glied Sträucher gepflanzt. Ich weiß noch gut, wie ich an einem späten Herbstnachmittag auf den Knien an ihnen entlangrutschte. Mühevoll versuchte ich auf den vom Regen schon halb abgewaschenen Etiketten abzulesen, welche Namen die dürren Fünfzigzentimeterbesen trugen, die da »vor meiner Zeit« eingegraben worden waren.

Im folgenden Frühling rückte ich der reichlich kahlen Randpflanzung mit Samentüten zu Leibe. Den ersten Sommer erlebte mein Garten dann in einem üppigen und flammenden Sommerblumenkranz: die Sonnenblumen, Astern, Zinnien, Kosmeen, Kokardenblumen und Levkojen lösten einander im bunten Wechsel ab. Da war mein Gärtnerherz schon etwas zufriedener, aber Ruhe gab es noch lange nicht. Im nächsten Jahr machte ich am Ende des Gartens ein stattliches Beet urbar, auf dem Salbei, Estragon, Pimpinelle und eine Menge anderer Gewürzkräuter wuchsen. Daneben pflanzte ich die ersten Tomaten meines Lebens. Es wurde ein nasser Sommer und die Tomaten ein Opfer der Braunfäule. Aber das stachelte mich nur zu neuen Unternehmungen an.

Wie alle leidenschaftlichen Gärtner zeigte ich der Umwelt meist nur den krummen Rücken und die Kehrseite. Aber ab und zu, wenn ich einmal aufblickte, merkte ich doch, daß ich durch den Zaun von allen Seiten beobachtet wurde. Auf den Gartengrundstücken der Nachbarschaft waren gestandene Männer am Werk, die seit Jahrzehnten ihre Kartoffeln, Kohl und Salat pflanzten. Sie gruben den schweren Lehmboden um mit einer rhythmischen Leichtigkeit, als wäre es Marzipan. Mein Blumenfeuerwerk und die Tatsache, daß ich selber nur die halbe Höhe meiner Sonnenblumen erreiche, muß sie etwas irritiert haben.

Im nächsten Jahr wurde ich noch unternehmungslustiger und pachtete ein Stück Land neben meinem Blumengarten, um dort zum ersten Mal im Leben eigenes Gemüse zu ziehen. Mit Gartenbuch und Zollstock unter dem Arm pirschte ich mich an die säuberlich auf 1,20 m Breite eingeteilten Beete heran und begann, genau nach Vorschrift, die Saatreihen abzumessen. Wenn Pflanzen wirklich ein Seelenleben haben, dann müssen sich meine ersten Radieschen und Salatköpfe vor Lachen geschüttelt haben. Ich probierte und beobachtete unverdrossen und war entzückt, daß aus den runden Samenkugeln wirklich dicke Weißkohlköpfe heranwuchsen, die ich dann, getreu nach Großmutters Rezept, zu Sauerkraut einstampfte. Natürlich machte ich anfangs viele Fehler, setzte Pflanzen zu dicht zusammen, ohne zu bedenken, wie breit sie später wachsen würden, oder säte ahnungslos Kürbisse aus, die dann in unglaublichem Tempo den halben Garten überwucherten. Aber bald hatte ich mich auch mit dem Gemüsevolk angefreundet. Die Tomaten trugen nun rote Kugeln wie die Weihnachtsbäume, und meine ersten Kartoffeln waren so unverschämt dick, daß die Nachbarn nun ganz nah an den Zaun kamen, um zu fragen, wie denn das gelungen sei. Sie konnten es gar nicht glauben, daß ich nur ein paar Schaufeln voll Kompost und ein paar Hände voll organischen Dünger in die Saatreihen gestreut hatte. Damals erfuhr ich zum ersten Mal, daß die tatkräftigen Gartenmänner ringsum mich hinter der Hand längst »die kleine Blumenfrau« nannten. Und als ich eines Sommertags die Nachbarsfrau vom übernächsten Garten auf der Straße grüßte, da lachte sie aus vollem Halse. In schönstem Kölsch erklärte sie mir, daß ihr Mann mich von weitem nicht erkannt hatte, da stupste sie ihn mit ihrem robusten Ellbogen in die Rippen und erklärte dröhnend: »Sühst du dat dann nit, dat is doch et Jaademädche!« (Siehst du das denn nicht, das ist doch das Gartenmädchen!)

Da merkte ich, daß die »alten Hasen« jenseits des Zauns mich akzeptiert hatten, und war mächtig stolz. Aber die grüne Lehre hörte nie auf. Im Winter las ich Berge von Gartenbüchern und ungezählte Kataloge. Im Frühling setzte ich dann die Theorie in die Praxis um. Und im Sommer wanderten die Früchte der Praxis in die Küche. Meine Sommererinnerungen sind erfüllt vom frischen Duft der Einmachgurken und vom würzigen Aroma des Basilikums, der Zitronenmelisse und des Salbeis. Wenn es jetzt wieder Herbst und Winter wird, schreibe ich selber Bücher.

Von meiner eigenen Geschichte habe ich Ihnen nur berichtet, um Ihnen zu zeigen, daß das Wissen vom Garten und vom Kochen im Laufe des Lebens wachsen und gedeihen kann wie die Salatköpfe auf den Beeten. In den folgenden Kapiteln möchte ich Ihnen erzählen von den Erfahrungen, die ich selbst auf meinem Stück Erde gemacht, und von den Rezepten, die ich mit den Früchten meines Gartens ausprobiert habe. Auch von der Lebensweisheit meiner tatkräftigen Großmutter und meiner klugen Mutter werden Sie ein wenig abbekommen. Es ist noch nie ein Meistergärtner oder ein Drei-Sterne-Koch vom Himmel gefallen. Aber man kann viele Künste lernen, wenn man bereit ist, eigene Erfahrungen zu machen und sich dabei nicht entmutigen zu lassen.

Selbst wenn die Schnecken den Salat verspeisen und die Kohlrabi nicht gleich beim ersten Mal zu einer Delikatesse geraten: was Sie aus eigenem Garten in die Küche tragen, schmeckt besser, saftiger und würziger als alles, was man für Geld kaufen kann. Seien Sie mutig und geduldig, das Experiment lohnt sich. Was Sie finden werden, sind lebenslange Freuden!

Der Gärtner-Gourmet

Alle Autoritäten der Kochkunst, alle Päpste der *haute cuisine* und der *nouvelle cuisine,* dazu unsere schärfsten Restaurantkritiker sind einhellig der Meinung, daß ohne erstklassige Produkte eine erstklassige Küche unmöglich ist. Nur Waren von allerbester Qualität und Frische lohnen den Aufwand der Künstler am Herd. Viele »besternte« Restaurants haben daher Gärtner und Bauern unter Vertrag, die ihnen regelmäßig Gemüse und Obst ins Haus liefern. Wir lesen auch von rührend bemühten Küchenchefs, die fünf oder sechs Stunden über die Autobahn nach Paris zum Großmarkt jagen, zweimal in der Woche sogar, um ihre Feinschmeckergäste zufriedenzustellen und um ihren Ruf und damit die Sterne nicht zu verlieren.

Der Gärtner-Gourmet kann darüber nur lächeln; er ist, was Qualität und Frische angeht, unschlagbar. Seine Erbsen haben keine Autobahnfahrt hinter sich, sie erreichten den Pariser Markt nicht schon am Tag zuvor, sie hingen um elf Uhr noch am Strauch! Und um zwölf wurden sie dann, leicht in Butter gedünstet und mit etwas Petersilie bestreut, aufgetragen. Diese Frische schmeckt man natürlich, ganz abgesehen von der Qualität, die man genauso schmeckt. Denn unsere Erbsen wuchsen in einem gesunden Boden mit bester Gare, sie wurden mit Kompost gedüngt, nicht mit Chemikalien. Außerdem können wir es uns leisten, die Erbsen jung zu pflücken, wenn sie noch nicht ausgewachsen und schon etwas mehlig sind. Der Vertragsanbauer kann sich das nicht leisten, er wird nach Gewicht bezahlt, braucht also den Höchstertrag von seinem Feld. Er muß auch Kunstdünger anwenden, denn er hat kein Vieh mehr, und die Stallmistkompostierung und Ausbringung wäre auch arbeitsintensiv, also auch teuer. Kompostgedüngte Erbsen würden zwar besser schmecken, aber das bezahlt ihm niemand: es geht halt nur nach Gewicht.

So schmecken dann die Erbsen auch, und durch das Tiefkühlen werden sie nicht besser. Damit soll nichts gegen das Tiefkühlen gesagt sein: wir frieren einen Teil unserer Ernte auch ein, um einen Wintervorrat zu haben, der uns an die Genüsse des Sommers und Herbstes erinnert. Aber eben nur erinnert: frische junge Erbsen sind unvergleichlich besser. Wer bisher nur industrielle Tiefkühlerbsen kennt, die immerhin schon weit besser sind als die armselige Dosenware, dem steht hier ein Geschmackserlebnis bevor.

Was für die Erbsen als Beispiel galt, gilt auch für viele andere Früchte und Gemüse. Der Gourmet-Gärtner kann sich Genüsse leisten, die anderen unzugänglich sind. Die Schalotte zum Beispiel ist für die Feinschmecker-Küche unentbehrlich. Sie ist milder, edler und aromatischer als die beste Zwiebel und spielt dementsprechend in der französischen Küche eine große Rolle. Bei uns ist sie von den Märkten verschwunden, und das ist kein Wunder: ihr Ertrag liegt erheblich unter dem der gewöhnlichen Zwiebel, er ist nur etwa halb so groß, denn eine Schalotte wird ja kaum dicker als eine Walnuß. Ein Erwerbsgärtner müßte also den doppelten Preis verlangen, den er für Zwiebeln erhält, um auf seine Kosten zu kommen. Das würden aber nur die Feinschmecker bezahlen wollen, und deren Zahl ist offenbar zu gering; es gibt also für Schalotten keinen Markt. Wir bauen sie daher selbst an, zumal das so problemlos ist wie bei allen Zwiebeln. Von einem anerkannt guten Versender kaufen wir Saatschalotten, denn die wirklich guten Sorten (meist mit hellgelben Schalen) samen bei uns nicht. Beim Gebrauch niemals braun rösten wie Zwiebeln, das vertragen Schalotten nicht, sie werden bitter.

In noch einem Punkt unterscheiden sich unsere Produkte von denen der Erwerbsgärtner und Gemüsebauern: wir verwenden weder Herbizide noch Insektizide. Wir haben das nicht nötig, unser Boden ist humusreich und kerngesund. Wir treiben keine einseitig den Boden beanspruchende Monokultur, wir machen Fruchtwechsel und Mischkultur. Bei der Schädlingsbekämpfung lassen wir uns von Marienkäfern, Schlupfwespen, Kröten, Meisen und Gartenrotschwänzchen helfen. Und sollten wir dennoch auf Kohlrabi oder Wirsing die gefräßigen Larven des Kohlweißlings entdecken, dann lesen wir sie mit der Hand ab. Es mag ja sein, daß die auf unseren Märkten verkauften Früchte und Gemüse »rückstandsfrei« sind, wie uns die Lebensmittel-Überwachungsämter versichern. Aber der Gedanke, daß vor 14 Tagen oder drei Wochen noch »Rückstände« vorhanden waren, daß diese Frucht oder jene Pflanze nur unter einem Regen von Chemikalien groß werden konnte, dieser Gedanke regt unseren Appetit nicht an. Unsere Produkte sind *garantiert* rückstandsfrei und daher gesund und appetitlich.

Noch ein letzter kulinarischer Hinweis: überkochen Sie Ihre Erzeugnisse nicht und überwürzen Sie nicht. Und versuchen Sie möglichst, den natürlichen Geschmack zu erhalten.
Unsere Produkte sind so vorzüglich, daß man ihren vollen Gehalt genießen sollte. Lassen Sie also Salat niemals im Wasser schwimmen. Waschen Sie ihn kurz und schleudern Sie ihn in einem Küchenhandtuch trocken. Kochen Sie alle Ihre Gemüse so kurz wie möglich (mit Ausnahme der Eintöpfe natürlich, die Stunden brauchen, bis sich ihre Aromen verbunden haben). Gemüse sollte noch »Biß« haben, das gilt für Blattspinat genauso wie für Wirsing. Sie werden staunen, wie gut das schmeckt!
Und wenn Sie noch so schöne Gewürzkräuter bester Qualität im Garten haben: machen Sie sparsam Gebrauch davon. Lassen Sie in erster Linie den köstlichen Eigengeschmack wirken. Erschlagen Sie Ihren Kopfsalat nicht mit einer Überdosis besten Estragons, Ihre Gurken nicht mit Dill und Ihre Tomaten nicht mit Basilikum! Würzen Sie mit leichter Hand, lassen Sie Ihrem Gaumen die Freude, das Grundprodukt genießend zu kosten. Da wir alle Gemüse und Früchte auf dem Höhepunkt ihrer Entwicklung verwenden, haben wir mehr zu genießen als andere, die auf »fabrizierte« Gemüse und Früchte angewiesen sind. Unsere Tomaten ernten wir vollreif, also wenn sie schon ein bißchen weich sind; welch ein Unterschied zu den Tomaten im Supermarkt, die halbreif gepflückt wurden, damit sich der Transportschaden in Grenzen hält. Und wenn Sie wieder einmal über Kreuzschmerzen stöhnen oder den Maulwurf verfluchen, der ausgerechnet im Salatbeet seine Haufen aufwerfen mußte, dann denken Sie an die Herrlichkeiten, die unsereiner auf den Tisch bekommt.
Ein echter Feinschmecker müßte eigentlich Gärtner sein.

1

Vorbereitungen

Die Gestalt des Gemüseparadieses ist so verschiedenartig wie das Aussehen der Menschen. Es gibt kleine und große, winzige und riesige Gartenstücke. Ihre Aufteilung ist von vielen Faktoren abhängig: von der Lage des Grundstücks, von der Bodenbeschaffenheit und von den persönlichen Wünschen des Gartenbesitzers. Trotz aller individuellen Verschiedenheit gibt es doch einige allgemeine Gesichtspunkte, die für jeden Nutzgarten anwendbar und empfehlenswert sind.

Damit die Arbeit nicht in Sklaverei ausartet, sollten Sie das Gemüseland in Beete aufteilen, die durch schmale Plattenwege voneinander getrennt sind. Diese Anfangs-Investition macht sich im Laufe der Jahre schon allein dadurch bezahlt, daß Sie sich eine Menge Rückenschmerzen und viele Stunden mühsamer Unkrautrupferei ersparen. Durch eine saubere Abgrenzung sind die Gemüsebeete viel übersichtlicher und leichter in Ordnung zu halten. Die Platten verhindern das Wuchern des Unkrautes von einem Beet zum anderen. Ein weiterer Vorteil besteht darin, daß man auch bei nassem Wetter mühelos Möhren ziehen oder einen Kohlkopf schneiden kann.

Es genügt für eine solche Beeteinfassung, die gleichzeitig als Weg dient, einfache Zementplatten auf einer Sandunterlage zu verlegen.

Die ideale Breite für alle Gemüsebeete ist 1,20 Meter. Dieses Maß hat sich immer wieder bewährt. Es läßt sich gut in Reihen aufteilen. Außerdem kann man das Beet leicht von beiden Seiten bis zur Mitte bearbeiten, ohne den Boden zu betreten. Die Länge der Beete spielt keine so große Rolle; sie kann der Größe des Gartens und der Familie angepaßt werden. Wer große Mengen Salat, Kohl und Kartoffeln ernten möchte, der wird lange Beete und damit große Flächen anlegen. Wer nur kleinere Mengen, aber von allem etwas anbauen möchte, der plant am besten einen Mittelweg und ordnet rechts und links davon die Beetreihen an.

Die gerade, ordentliche Aufteilung

in gleichmäßig breite Beete mag manchem Gartenfreund zu preußisch und streng erscheinen. Ein Maler erzählte mir einmal, daß er statt dessen lauter kreisrunde Beete anlegte, in denen ganz besonders die Buschbohnen wunderschön gediehen. Und von einem Musiker hörte ich, daß er Gemüsegärten nur dann akzeptierte, wenn alles bunt und üppig durcheinanderwuchs. Ich hatte allerdings dabei den Verdacht, daß er in diesem romantischen Dschungel nie eigenhändig Brennnesseln gejätet und mit der Lupe nach Erdbeeren gesucht hat. Solche Künstlergärten mögen ihre Besitzer zu geistiger Ernte inspirieren, in der allgemeinen Praxis sind sie sicher nicht empfehlenswert.
Sehr kleine, überschaubare Nutzgärtchen, in denen nur wenige Gemüsesorten und ein paar Kräuter angebaut werden, kann man aber durchaus individuell gestalten, ohne daß die praktischen Anforderungen dabei leiden müssen. Das reizendste Gemüsegärtchen, das ich je sah, war nur wenige Quadratmeter groß. Es war mit Bruchsteinen abgegrenzt, die weich geschwungene Ornamente bildeten. Die kleinen unregelmäßigen Beetflächen dazwischen waren mit Salat, Kohl, Kräutern und bunten Astern bepflanzt. Das Ganze wirkte wie ein gezähmtes Abbild barocker Lebensfreude. Merkwürdigerweise sahen die Rotkohlköpfe und die Salatrosetten aus wie pausbäckige Blumen in dieser eigenwilligen Gartenkomposition. Küchengärtchen und Gartenschönheit waren hier harmonisch miteinander verbunden. Sie beeinflußten sich gegenseitig, aber der Nutzen des Gemüses blieb trotz der malerischen Umgebung voll und ganz erhalten.

Fruchtwechsel

Dies sind reizvolle Seitenwege der Gartenkunst, die hier nur am Rande erwähnt werden sollen. Im allgemeinen hat die »preußische« Aufteilung der Gemüsebeete die meisten Vorteile. Die Flächen sind, wie schon beschrieben, viel leichter zu bearbeiten. Bei jahrelangem, systematischem Gemüseanbau erleichtern sie außerdem den notwendigen Fruchtwechsel. Jede Gemüsepflanze entnimmt dem Boden Nährstoffe in unterschiedlicher Menge und Kombination. Sie scheidet ihrerseits bestimmte Stoffwechselprodukte aus, die wieder in den Boden gelangen. Man unterscheidet drei große Gruppen im Gemüsebau, die ähnlichen Nährstoffbedarf haben:

Die Starkzehrer oder Düngerfresser

Sie benötigen ausgeruhten, kräftig gedüngten Boden. Zu ihnen gehören alle Kohlsorten, Sellerie, Lauch und Gurken.

Die Mittelzehrer oder Genügsamen

Sie wachsen am besten auf den Beeten der sog. zweiten Tracht und haben einen mäßigen Düngerbedarf. Zu ihnen gehören Möhren, Zwiebeln, Frühkartoffeln, Erbsen und Bohnen.

Die Schwachzehrer oder Anspruchslosen

Sie wachsen in dritter Tracht und benötigen kaum Dünger. Zu ihnen gehören Rettiche, Radieschen, Feldsalat und die Küchenkräuter. Auch Erbsen und Bohnen gedeihen noch auf diesen Beeten.

Die unterschiedlichen Ansprüche dieser Gemüsegruppen muß der Gärtner im Auge behalten und die Beete möglichst jedes Jahr wechseln. Wo im ersten Jahr die Starkzehrer wuchsen, werden im nächsten Frühling Frühkartoffeln oder Bohnen gepflanzt, im dritten Jahr Radieschen und Kräuter. Da das Gartenjahr viel zu bunt und abwechslungsreich ist, um alle diese Einzelheiten im Kopf zu behalten, macht man sich am besten einen einfachen Plan, in dem die Reihenfolge der Bepflanzung eingetragen wird. Man muß sich nicht sklavisch an die Regeln der Fruchtfolge klammern, aber im großen und ganzen sollte man einen solchen Drei-Jahres-Rhythmus doch einhalten, weil er eine einseitige Auslaugung des Bodens verhindert und auf natürliche Weise zur Erhaltung der Bodenfruchtbarkeit beiträgt. Die Bauern früherer Zeiten haben uns diese Methode jahrhundertelang mit Erfolg vorgemacht: in der sogenannten Dreifelderwirtschaft. Im vierten Jahr ließen sie den Acker ruhen. In der Brache konnte er sich regenerieren, ehe der Anbau von neuem begann.

In einem intensiv bearbeiteten kleinen Gemüsegarten braucht man eine solche Pause nicht einzuschalten. Durch Düngung, Humuspflege und Kompostwirtschaft wird die Bodenfruchtbarkeit ständig erneuert.

Dünger

Düngen kann man erstens mit chemischem Dünger, das bedeutet mit anorganischen Nährstoffkombinationen.

Diese Düngersalze enthalten meist eine Mischung von Stickstoff, Phosphor und Kali in leicht löslicher, für Pflanzen aufnahmefähiger Zusammensetzung.

Zweitens kann man mit organischem Dünger arbeiten, wie zum Beispiel mit Horn-, Blut- und Knochenmehl, getrocknetem Rinderdung, Geflügelmist usw.

Drittens gibt es auch gemischte Dünger, in denen mineralische und organische Bestandteile kombiniert sind.

Streng verboten sind für einen gesunden Gemüsegarten frischer Mist und Fäkalien. Nach meinen Erfahrungen kann man den Boden gesund und fruchtbar erhalten, wenn man ihn regelmäßig mit Kompost versorgt und bei stark zehrenden Gemüsen eine Zusatzdüngung aus Horn-, Blut- und Knochenmehl verwendet. Dieser Dünger gibt seine Nährstoffe langsam, über einen längeren Zeitraum an die Pflanzen ab. Meist genügt deshalb eine einmalige Gabe. Mit Kompost kann man den Humusgehalt des Bodens ständig neu aufbauen und verbessern. Er wirkt wie Sauerteig beim Brotbacken. Man regt damit das

Bodenleben zu großer Aktivität an. Wo Regenwürmer, Kleintiere und Mikroorganismen ungestört tätig sein können, entsteht auch immer von neuem fruchtbare Erde. Dabei werden auf natürlichem Wege auch Mineralien, Nährsalze und Kalk produziert. Bei konsequenter Kompostwirtschaft ist deshalb eine zusätzliche Düngung mit chemischen Salzen nicht nötig.

Die Düngung mit Kompost und organischen Mitteln hat den Vorteil, daß sie nicht stark antreibt und die Pflanzen nicht »mästet«. Sie fördert ein ruhiges harmonisches Wachstum und wirkt sich auch auf die Aromabildung günstig aus. Und das ist ja eines der Hauptanliegen eines gärtnernden Feinschmeckers: die Kartoffeln sollen schmecken wie einst in Großmutters Garten. Die Erdbeeren müssen nicht so groß wie Hühnereier, aber sie sollen voll hintergründiger Süße sein. Die Tomaten sollen Würze haben, und die Kohlrabi müssen so zart sein, daß man sie roh essen kann und dabei den feinen Nußgeschmack auf der Zunge spürt.

Die umgekehrten Beispiele sind nur allzu bekannt: Kohlköpfe erfüllen beim Kochen das ganze Haus mit ekelhaften Dünsten; man riecht, womit sie gedüngt wurden – mit Kunstdünger! Tomaten werden überall als makellos runde Früchte angeboten, aber sie schmecken nur nach Wasser. Sie wurden, wie die meisten käuflichen Früchte, stark getrieben und im Laufe der Vegetationsperiode mehrfach mit Schädlingsbekämpfungsmitteln bespritzt. Wer Obst und Gemüse selbst anbauen und in der eigenen Küche zu delikaten Gerichten verarbeiten möchte, der sollte dies auf dem einfachsten und natürlichsten Wege tun. Nur so erreicht man die aromatischen Früchte, die den Feinschmecker begeistern und die ganze Mühe lohnen.

Mulchen und Mischanbau

Ein ausgezeichnetes Mittel, um den Boden fruchtbar und die Pflanzen gesund und kräftig zu erhalten, ist das Mulchen. Das ist im Grunde genommen eine Art von Flächenkompostierung. Zwischen den Pflanzreihen und auf freigewordenen Beeten wird die Erde mit kleingehackten, organischen Abfallstoffen aus Unkraut, Rasenschnitt, Gemüseblättern, verwelkten Blumen und so weiter bedeckt. Auch halbverrotteter Kompost eignet sich zu solchen Abdeckungen. Unter dieser leichten durchlässigen Decke wird das Bodenleben besonders aktiv. Man kann beinahe zusehen, wie die Mulchschicht verrottet und langsam von den unzähligen kleinen Lebewesen der obersten Humusschicht angeknabbert und in den Boden hineingezogen wird. Unter diesen paradiesischen Umständen produzieren die gutgenährten Mikroorganismen und Kleintiere gewissermaßen Humus im Eiltempo.

Außerdem bleibt der Boden unter der Abdeckung länger feucht und locker, als wenn er Wind und Sonne frei ausgesetzt wäre. Die Pflanzen auf gemulchten Beeten wachsen besonders gut und kräftig. Sie fühlen sich sichtbar wohl. Der Boden baut seine Nährstoffreserven schneller wieder auf und kann deshalb besonders intensiv genutzt werden.

Ähnlich günstige Lebensbedingungen auf kleinem Gartenbeet-Raum entstehen auch bei der Mischkultur. Es ist eigentlich ganz einfach und logisch, daß bei einer Monokultur der Boden einseitig ausgelaugt wird. Da auf der ganzen Fläche nur eine einzige Pflanzenart steht, gelangen auch nur die Abbauprodukte dieser Pflanze in die Erde. Auch das ist ein einseitiger Vorgang. Beim Mischanbau findet dagegen ein ständiger Austausch statt. Dem Boden werden die verschiedenartigen Nährstoffe entzogen und auch sehr unterschiedliche Stoffwechselprodukte wieder zugeführt. Bei günstiger Pflanzenkombination profitieren die Gewächse dabei voneinander. Außerdem kann ein geschickter Gärtner die Mischkultur dazu benutzen, den freien Raum zwischen hochwachsenden Pflanzen durch niedrige Gemüse oder Salate zu nutzen und gleichzeitig zu schattieren. Auch schnell und langsam wachsende Kulturen ergänzen sich im Mischanbau. Bei einigen Gemüsesorten hat das Zusammenpflanzen sogar gegenseitigen Schutz vor Schädlingen zur Folge. Das bekannteste Beispiel dafür sind Möhren und Zwiebeln.

Die besonders empfehlenswerten Kombinationen für die Mischkultur beruhen auf jahrzehntelanger Erfahrung. Jeder Gartenfreund kann sie ausprobieren und durch eigene Experimente ergänzen. Als Anregung nenne ich Ihnen hier nur einige wenige Beispiele für erprobte Mischkulturen.

Frühkartoffeln mit einer Zwischensaat von Kümmel (verbessert den Geschmack der Kartoffeln).

Bohnen mit Gurken.

Knollensellerie mit Lauch.

Zwiebeln mit Möhren und Petersilie.

Salat mit Möhren, Radieschen, Erdbeeren oder Zwiebeln.

Der Kompost

Für einen gesunden Gemüsegarten, in dem der Gärtner möglichst ohne Gift arbeiten und ernten möchte, ist der Kompost die wichtigste Grundlage aller Bemühungen. Ohne ihn geht es nicht. Der Kompost ist das Herz des Gartens. Oder vielleicht sollte man es deutlicher und unromantischer umschreiben: er ist der Bauch. In seinen Eingeweiden wird verdaut und ausgeschieden, was schädlich und unbrauchbar ist. Hier wird aber vor allem aufgebaut und extrahiert, was für das Gartenleben und für die Bodenverbesserung lebensnotwendig ist.

Auf dem Kompostplatz ähnelt der Gärtner ein wenig dem lieben Gott: Er schafft neue Erde.

Aus allen diesen Gründen darf der Kompostplatz kein unordentlicher Abfallhaufen im hintersten Winkel des Gartens sein. Er wird an einem sauberen, halbschattigen, möglichst windgeschützten Ort angelegt, ein

wenig abgegrenzt vielleicht durch hohe Sonnenblumen, aber doch auf jeden Fall gut zugänglich.
Eine Kompostmiete sollte etwa 1,50 bis 2,00 Meter breit und 1,00 Meter hoch sein. Die Länge richtet sich nach dem Platz und nach dem Bedarf. Kompost muß unbedingt auf offenem, lebendigem Boden angelegt werden, nie auf Stein- oder Betonunterlage. Die Kleintiere, vom Regenwurm bis zu den Algen, wandern aus dem Boden in den Kompost hinein und können sich bei ungünstiger Witterung auch wieder in die feuchte Tiefe zurückziehen. Auf diesem Platz wird nun schichtweise organischer Garten- und Küchenabfall aufgehäuft. Etwa alle 20 cm streut der Gärtner kohlensauren Kalk und etwas tierischen Dünger und eine dünne Schicht Erde dazwischen. Manchmal genügen schon die Humusreste, die an den ausgerissenen Wurzeln des Unkrautes hängenblieben. Wenn nicht genug Erde vorhanden ist, kann man auch Steinmehl oder Bentonit verwenden. Nach oben hin wird der Komposthügel dann immer schmaler und hat zum Schluß die Form eines niedrigen Erdzeltes. Nun wird er mit einem leichten, luftdurchlässigen Mantel aus Gras, Stroh, Torf oder Laub abgedeckt. Diese Hülle schützt ihn vor dem Austrocknen. Denn ein guter Kompost muß immer die Feuchtigkeit eines ausgedrückten Schwammes haben. Bei größerer Trockenheit schimmelt er, bei zuviel Nässe entsteht ungesunde Fäulnis. Nur wenn ein Kompost mit Gefühl und Sachverstand gut »komponiert« ist, entwickeln sich in seinem Innern die geheimnisvollen Umsetzungsprozesse, die aus Abfall und toten Pflanzen wieder lebendige Erde machen.
Es ist gut, den Haufen einmal während dieser Zeit umzusetzen. Dabei wird das Unterste zuoberst gekehrt und alles wieder locker und luftig aufeinandergeschichtet. Nach einem Jahr ist der Kompost fertig und kann auf die Beete verteilt werden. Er wird zwei bis drei Finger dick ausgestreut und leicht in die oberste Bodenkrume eingeharkt – gerade so viel, daß er guten Kontakt mit der Erde bekommt. Niemals wird der Kompost untergegraben. Seine anregenden Kräfte kommen nur der obersten Humusschicht zugute. Dort wirkt er auf das Bodenleben wie ein Glas Sekt auf müde Geister. Man sollte diese lebendige Kompostregion immer durch eine Mulchdecke vor dem Austrocknen schützen. Denn sobald Dürre sich ausbreitet, erstarrt das vielfältige Leben. Die unsichtbaren Heinzelmännchen im Erdreich brauchen Feuchtigkeit, Schatten und Wärme.

Windschutz

Bei der Einteilung eines Gemüsegartens sollte man unbedingt auch den Stand der Sonne und die Hauptwindrichtung beachten. Windschutz ist für manche Pflanzen lebenswichtig. Hecken aus Beerenobst, Mais oder Sonnenblumen können ein günstiges Kleinklima schaffen. Auf großen Grundstücken kann man auch Holunder, Haselnüsse und Weißdorn pflanzen. Auf jeden Fall müssen alle Hecken so angelegt sein, daß sie nicht zuviel Schatten werfen und daß ihre Wurzeln weit genug von den Gemüsebeeten entfernt sind. In kleineren Gärten sind deshalb einjährige Pflanzungen günstig, die man den jeweiligen Anbauplänen anpassen kann. Feuerbohnen, Zuckermais und Sonnenblumen eignen sich dazu.

Dichte dauerhafte Hecken haben dagegen den Vorteil, daß sie vielen Vögeln Nistplätze und Futter bieten. Sie sind damit gleichzeitig ein Versammlungsort für die wichtigsten natürlichen Schädlingsvertilger im Garten. Ihre Morgen- und Abendkonzerte geben die gefiederten Sänger gratis dazu. Und da weder das Leben im allgemeinen noch das des Gemüsegärtners im besonderen nur von nützlichen Aspekten bestimmt ist, sollte auch das Lied der Amseln einen Platz im Gartenplan haben.

Möglichst ohne Gift

Wenn wir uns schon die Mühe machen, Gemüse und Obst für die Küche selbst zu ziehen, dann wollen wir das möglichst ohne Gift tun. Im eigenen Garten kommt es nicht so sehr auf Höchsterträge, sondern auf Gesundheit und Wohlgeschmack an. Übrigens ist es ein weitverbreiteter Irrtum zu glauben, daß im sogenannten biologischen Anbau die Früchte kleiner und unansehnlicher sind als dort, wo kräftig mit chemischen Salzen gedüngt und mit Gift gegen Schädlinge gespritzt wird. Die Erfahrung bestätigt immer wieder, daß auf einem gesunden Boden auch gesunde starke Pflanzen wachsen. Aufputschende Mittel sind dann ganz überflüssig. Vor allem in kleinen, übersichtlichen Bereichen eines Privatgartens ist es möglich, den Humusgehalt durch Kompost, organische Dünger, Mulchen und Mischkultur so gut zu erhalten und ständig neu aufzubauen, daß gute Ernten selbstverständlich sind. In einem solchen Garten, in dem die Erde gepflegt wird wie die Schönheit einer Frau in den besten Jahren, in einem solchen Garten hält sich auch das Schädlingsproblem fast von selbst in Grenzen. Schädlinge werden vor allem zur Plage, wo ungesunde Lebensbedingungen die Pflanzen schwächen, dort, wo durch häufiges Spritzen die natürlichen Feinde zusammen mit den Schädlingen vernichtet werden und in Monokulturen.

In einem Garten, der nach vernünftigen und natürlichen Gesichtspunkten gepflegt wird, sind Schädlinge zwar nicht unbekannt, aber sie halten sich meist in Grenzen. Es gibt dort genug natürliche Feinde, die sie kurzhalten: Marienkäfer, Schwebfliegen, Ohrwürmer, Kröten und Vögel sind nur einige von ihnen. Wenn durch ungünstige Umstände oder extreme Witterung doch einmal ein stärkerer Schädlingsbefall auftritt, dann genügt ein für Menschen und Warmblüter ungiftiges Spritzmittel aus Pyrethrum-

blüten, um dem Spuk ein rasches Ende zu bereiten.
Gärtnern ist wie das Kochen letzten Endes eine Sache des Fingerspitzengefühls. Mit »Dienst nach Vorschrift« wird man es nicht weit bringen. Auch hier geht Probieren über Studieren. Gute Gärtner und gute Köche müssen mit allen Sinnen arbeiten. Was nützt es mir, wenn ich genau Bescheid weiß über die chemischen Bestandteile des Bodens in meinem Garten? Es nützt mir genausowenig, wie es einem Mann hilft, genauestens über die weibliche Anatomie Bescheid zu wissen. Die Frau, die er eines Tages in seinen Armen hält, ist in jedem Fall ganz anders als alle Theorie. Nur mit den Augen eines Liebenden, mit zärtlichen behutsamen Händen und mit der Bereitschaft zu langen Jahren des Gesprächs wird er etwas von ihrem wirklichen Wesen erfahren.
Nur wenn ich die Erde mit meinen Händen greife und sie zwischen den Fingern zerkrümele, werde ich wirklich erfahren, von welcher Art sie ist und ob ihr vielleicht etwas mangelt. Nur wenn ich an warmen Sommertagen über den Gartenweg gehe und den Duft des Zitronenthymians und den Geruch reifender Äpfel einatme, weiß ich, was das bedeutet: Wachsen, Reifen, Duften. Nur wenn ich eine Tomate frisch vom Strauch pflücke, mit der Hand ihre glatte rote Haut abwische und dann hineinbeiße, weiß ich, wie eine Frucht schmeckt, die in Sonne und Regen, bei Wind und Wetter in meinem Garten, unter meinen Augen und Händen gewachsen ist. Ich bekomme eine Ahnung davon, wie kurz oder wie lang der Weg vom Samenkorn bis zur saftigen Ernte ist.
Ein Gärtner wacht eines Morgens auf, atmet tief ein und sagt: Es riecht nach Frühling. Dann weiß er ganz genau, daß er die ersten Reihen Spinat aussäen kann.
Und eines Abends geht er durch den Garten und sagt: Es riecht nach Herbst. Wir werden bald den ersten Frost bekommen. Dann gräbt er seine Zichorienpflanzen aus und schlägt sie im sicheren dunklen Keller ein.
So war es schon in Großmutters Garten. So wird es auch in den Hängenden Gärten der Semiramis gewesen sein.
Gute Gärtner müssen sehen, riechen, schmecken und fühlen, was in ihrem grünen Reich geschieht. Die Qualität von Obst und Gemüse hängt nicht nur vom Hacken, Gießen und Düngen ab, sondern auch davon, mit welchen Augen sie der Gärtner anschaut. Sein Einfühlungsvermögen ist wichtiger als alle klugen Erörterungen über Kali-Phosphor und Spurenelemente.
Die Liebe zum Garten ist eben ein bißchen verrückt und unvernünftig – wie jede andere Liebe auch. Aber wie sähe die Welt und wie sähen die Gärten aus, würden sie nur von der Vernunft regiert! Gute Gärtner und gute Köche sollten immer etwas von den »unberechenbaren« Eigenschaften guter Liebhaber besitzen.

2

Früheste Frühlingsfreuden

Nichts ist ungeduldiger auf dieser Welt als das Herz eines Gärtners vor Frühlingsanfang! Wie oft bin ich schon im Februar zwischen den kahlen Gemüsebeeten auf und ab gegangen und habe nach den ersten Lebenszeichen Ausschau gehalten! Mein Garten hat schweren Lehmboden, der sich nur langsam erwärmt und lange die Nässe festhält. Es ist sehr gefährlich, ihn zu früh zu betreten. Er verdichtet sich dann zu undurchlässigen Klumpen unter jedem Schritt und klebt zäh am Spaten oder an der Hacke fest. Bearbeiten kann ich ihn eigentlich nur, wenn er sich im Zustand der goldenen Mitte befindet, das heißt, wenn er gerade so warm und feucht ist, daß er zwischen den Fingern bröckelt. Dann allerdings ist er zart wie Marzipan und fruchtbar wie der schönste Weizenacker. Nach einer Woche Trockenheit ist der Zauber schon wieder vorbei. Mein Gartenboden verkrustet dann und wird hart wie Beton. Jeder Versuch, Unkraut zu rupfen, ist ein hoffnungsloser Ringkampf, bei dem die Wurzeln immer fest verankert im Boden zurückbleiben und die Fingernägel zu Bruch gehen. Aber nach den ersten Jahren der Unsicherheit und des Lehrgeldzahlens rang ich diesem zähen Burschen, meinem Garten, einige Zugeständnisse ab. Mit Kompost und unentwegten Experimenten entlockte ich ihm fruchtbare Kompromisse.

Auch mit den Gewohnheiten und Launen der Gemüsepflanzen war ich nun etwas vertrauter geworden. Ich beschloß, der Kälte ein Schnippchen zu schlagen und probierte Folientunnel aus. Solche praktischen Mini-Gewächshäuser kann man leicht selbst herstellen. Einen geschickten Handwerker, der Eisenstäbe zu halbrunden Bögen zurechtbiegt, findet man überall. Diese Rundbögen bilden das Gerüst des Tunnels. Sie müssen ein 1,20 Meter

Früchte eines Gartenjahres: frisch geerntet, noch warm von der Spätsommersonne – so schmecken sie am besten!

breites Beet überspannen und werden in Abständen von 40 bis 50 cm in die Erde gesteckt. Die Höhe kann variieren, je nachdem, welche Pflanzen man darunter wachsen lassen möchte. Zu hoch sollten sie aber nicht sein, weil dann die ganze Konstruktion zu windempfindlich wird. Über die runden Metallrippen legt man zum Schluß feste Plastikfolie, die man als Meterware kaufen kann. Sie muß aber etwas breiter sein als das Beet, weil man sie an den Seiten mit Brettern und Steinen beschweren muß.

Unter einem solchen Plastiktunnel bildet sich sofort ein feuchtwarmes Treibhausklima. Schon nach wenigen Tagen ist der Boden warm genug für die ersten Aussaaten. Natürlich sollte das Beet schon im Herbst gut gelockert, sorgfältig von Unkraut befreit und leicht gedüngt worden sein.

Anfangs habe ich meine Folien-Beete auch reichlich mit meinem im ganzen Garten so hochgeschätzten Kompost versorgt. Das Ergebnis war überwältigend. In der feuchten Wärme begann alles üppig zu sprießen – allem voran die schönste Unkraut-Auswahl. Mit atemberaubendem Tempo überwucherten hier Ehrenpreis, Gundermann, Hirtentäschl und andere ungebetene Gäste die Salatpflanzen. Sie nutzten die ungewohnten paradiesischen Zustände zu den tollsten Kapriolen. Die feingliedrigeren Nutzpflanzen waren diesem vitalen Ansturm nicht gewachsen und wurden überrollt. Seit dieser sehr anschaulichen Erfahrung bin ich mit Kompost unter Glas oder Folie vorsichtig geworden, denn ganz ohne Unkrautsamen fällt er selbst bei sorgfältigster Herstellung nie aus. Ich mulche also lieber das im Herbst bearbeitete Beet über Winter, so daß es eine feinkrümelige Bodenstruktur bekommt. Mit Kompost versorge ich es dann später wieder, wenn das Frühbeet abgeräumt ist.

Je nach Witterung kann man diesen Folientunnel Ende Februar bis Mitte März aufstellen. Da er beweglich ist, richte ich mich bei der Wahl des Beetes auch ein wenig nach den Regeln des Fruchtwechsels. Noch wichtiger aber ist eine sonnige freie Lage. Denn das Himmelsgestirn ist ja meine einzige Wärmequelle, mein Bundesgenosse im Kampf gegen die kühle mitteleuropäische Witterung. An klaren Märztagen kann die Sonne aber schon so viel Kraft haben, daß unter der Plastikfolie in kürzester Zeit Fegefeuertemperaturen entstehen. Dann muß die Folie schon morgens aufgerollt oder mindestens an den Schmalseiten geöffnet werden, damit die zarten Frühlingspflanzen nicht verbrennen. Aber schon nachmittags schließe ich den Tunnel wieder. So bleibt die Wärme des Tages noch eine Weile eingeschlossen, denn die nächste Nacht wird mit Sicherheit wieder kühl; der März ist launisch und schüttelt gern noch einmal unerwarteten Frost aus dem Ärmel.

Kurz und gut: Frühlingsfreuden unter Folie oder Frühbeetfenstern muß man immer im Auge behalten.

Sie brauchen die Wärme, aber auch frische Luft und ab und zu warmes Gießwasser. Da sich in dieser feuchten Wärme auch die Schnecken sehr wohl fühlen und noch dazu der Ansicht sind, der Salat werde zu ihrem Wohlergehen gepflanzt, ergreife ich von Anfang an Vorsichtsmaßnahmen. An den gefährdeten Punkten des Beetes grabe ich kleine Schalen ein, so daß der Rand mit der Erde abschließt. Sie werden abends mit Bier gefüllt. Am nächsten Morgen finden sich darin Schnecken aller Größen und noch einige andere ungebetene Mitesser. Sie konnten dem Geruch von Hopfen und Malz nicht widerstehen und endeten als Bierleichen.

Natürlich ist mein selbstgebauter Folientunnel nicht die einzige empfehlenswerte Möglichkeit. Es gibt fertige käufliche Konstruktionen aus Plastik und Plexiglas, und es gibt den guten alten Frühbeetkasten mit Holzrahmen und Glasfenster. Da muß jeder selbst entscheiden, was seinen Wünschen und seinem Gartenraum entspricht. Mir kommt es in diesem Zusammenhang mehr auf den allgemeinen Hinweis an, daß man den Winter frühzeitig überlisten kann und daß man schon Frühlingsdelikatessen genießen kann, wenn das Freiland sich noch in frostige Abwehr hüllt.

Was für ein unvergleichlicher fürstlicher Genuß ist es, das erste rote Radieschen aus der erwärmten Erde zu ziehen, es nur ein wenig an der Schürze abzustreifen und dann hineinzubeißen! Es ist butterweich und saftig und besitzt nur gerade so viel Schärfe, daß es ein wenig in die Zungenspitze beißt. Wer einmal an einem warmen Frühlingstag eine solche lebensvolle kleine Delikatesse genossen hat, der wird über Kaviar nur noch milde lächeln.

Aber zurück aus den genießerischen Vorfrühlingsträumen auf den festen Gartenweg! Was lohnt die Mühe des verfrühten Anbaus im warmen Foliengehäuse? Vor allem alles, wonach man nach langen dunklen Wintermonaten heißhungrig ist: grüner Salat, frische Kräuter, Radieschen, Rettiche und Kohlrabi. Dies ist die erste Vitaminspritze des Jahres, die alle Lebensgeister aufweckt.

Ich säe und pflanze immer wieder die folgenden Sorten: Kopfsalat »Maikönig«, Schnittsalat, Radieschen, den Frührettich »Rosa Ostergruß«, Schnittlauch, Borretsch, Dill und Kohlrabi »Weißer Delikateß« oder »Rogglis weißer Treib«.

Der Salat »Maikönig« ist eine bewährte Sorte, die schnell schöne geschlossene Köpfe bildet. Man kann ihn in tiefen geschützten Furchen auch schon im Herbst im Freiland aussäen. Meist bieten aber auch die Gärtnereien von dieser Sorte im März schon Pflanzen an. Dann kaufe ich mir den »Maikönig« beim Gärtner und säe statt dessen zwei Reihen Schnittsalat aus. Er wächst schnell und zartblättrig heran und dient mir als delikater Lückenbüßer. Wenn der Kopfsalat noch nicht reif oder schon abgeerntet ist, greife ich auf den immer wieder willig

nachwachsenden Schnittsalat zurück.
Bei den Radieschen bevorzuge ich neben der roten Sorte »Saxa Treib« eine halb weiß, halb rot gefärbte Sorte, die einfach »Rundes« genannt wird. Unübertrefflich zart ist der zierliche Rettich »Rosa Ostergruß«, der außen rot und innen schneeweiß gefärbt ist.
Für die früheste Schnittlauchernte grabe ich aus meinen Freilandvorräten einen kräftigen Wurzelbrocken aus und setze ihn unter Folie in einer Beetecke wieder ein. Er treibt dort so schnell die ersten saftiggrünen Röhrchen, daß ich schon bald Quark mit Sahne und Schnittlauch oder Rühreier mit Schnittlauch zubereiten kann. Nie schmecken diese einfachen Abendgerichte so gut wie mit den ersten Kräutern des Frühlings.
Auch die ersten Salate und Radieschen sind so kostbar und haben so viel würzigen Eigengeschmack, daß ich mit den Zutaten sehr sparsam umgehe. Die Salatschüssel wird mit einer Knoblauchzehe ausgerieben, die Soße nur aus bestem Pflanzenöl, wenig Weinessig oder Zitronensaft und einer Prise Salz und Pfeffer gemischt. Salatblätter, feingeschnittene Radieschen und die Kräuter werden behutsam untereinander gemischt und ganz knackfrisch serviert.
Ein herrliches Frühlingsabendessen, das mir noch aus Kinderzeiten in Erinnerung geblieben ist, besteht einfach aus einigen Scheiben frischem Vollkornbrot mit Butter bestrichen und mit dünnen Scheiben Radieschen belegt. Darüber kommt ein Hauch Salz. Das ist alles. Aber es schmeckt, als säße man auf einer Bank im Paradiesgarten.

Radicchio »Roter Veroneser«, ein Zichoriensalat, der im Winter geerntet wird. Er ist ebenso dekorativ wie vitaminreich.

3

Salatvariationen in Grün-Weiß-Rot

Wenn über dem Gartenreich des Salates eine Fahne wehte, dann müßte sie grün-weiß-rot gestreift sein. Denn der »grüne Salat«, von dem in der Küche so oft gesprochen wird, ist beileibe nicht der einzige Vertreter dieser Familie. Salate gibt es zwar nicht wie Sand am Meer, aber sie sind doch so variationsreich, daß man das ganze Gartenjahr mit ihnen garnieren kann. Selbst in den Wintermonaten müssen umsichtige Gärtner und vitaminhungrige Köche nicht auf frischen Salat verzichten. Ob im Keller oder im Freiland – er kann zu jeder Jahreszeit rund um die Uhr frisch geerntet werden!

In meinem Garten gehören die Salataussaaten zum festen Programm. Wenn ich auch noch so wenig Zeit habe, diese kleinen knackigen Vitaminträger vergesse ich nie. Ich habe sie im Lauf der Jahre alle ausprobiert, und keine einzige Art ist dabei auf der Strecke geblieben. Alle wurden für gut oder sogar ausgezeichnet befunden und gehören zum festen Gartenbestand: Kopfsalat, Eissalat, Pflücksalat, Zuckerhut, Endivie, roter und weißer Zichoriensalat, Feldsalat und auch der kultivierte Löwenzahn.

Fast alle Salate stammen aus zwei altehrwürdigen Familien: sie gehören zu den Zichorien- oder zu den Lattichgewächsen. Endivien, Chicoree und Zuckerhut sind mit der hübschen blauen Wegwarte verwandt. Sie ist die wilde Stammutter aller Zichorien. Um ihre himmelblauen Blüten ranken sich zarttraurige Geschichten von einem schönen verlassenen Mädchen, das am Wegrand auf den Geliebten wartet. Alle Bestandteile der Pflanze wurden schon seit der Antike als Arznei benutzt. Blätter und Blüten haben vor allem eine gute Wirkung auf Leber und Galle und heilen Magenschwäche und Appetitlosigkeit. Seit dem 19. Jahrhundert wurde die wilde Wegwarte kultiviert. Aus ihren langen Pfahlwurzeln stellt man seitdem Kaffeeersatz her. Der bitter-kräftige Charakter der Wildpflanze ist zum Teil in den verschiedenen Salatsorten erhalten geblieben. Alle haben sie auch die lange Pfahlwurzel der Stammutter geerbt. Vielleicht ist auch noch etwas vom ausdauernden und heilkräftigen Wesen der blauen Wegrandblume im Endiviensalat oder im Radicchio lebendig geblieben.

Alle Kopfsalatsorten und der Schnittsalat gehören zur Gattung »Lattich«, die botanisch Lactuca heißt. Dieser Name bezieht sich auf den reichen Gehalt an Milchsaft in den Pflanzen. Wer eine Salatwurzel auseinanderbricht, kann sich leicht davon überzeugen. In dicken weißen Tropfen quillt der Saft heraus. Auch der Lattich war schon im Altertum bekannt. Griechen und Römer bauten ihn bereits an und wußten über seine beruhigenden Wirkstoffe Bescheid. Lattich oder Kopfsalat ist tatsächlich ein leichtes Schlafmittel. Wer zum Abendessen ein Schüsselchen Salat ißt, der sorgt ganz nebenbei auch für Entspannung und Nervenberuhigung.

Blattsalate regen aber auch die Magensäfte und die Verdauung an. Sie enthalten die Vitamine A, B_1, C, E und nur ganz wenige Kalorien.

Auch der Löwenzahn ist weitläufig mit Zichorien- und Lattichgewächsen verwandt. Alle gehören sie in die Großfamilie der Zungenblütler. Die lange Pfahlwurzel, der leicht bittere Geschmack, der Milchsaft und wertvolle Arzneieigenschaften deuten auf die Verwandtschaft hin. Im Volksmund wird der Löwenzahn in manchen Gegenden sogar »wilde Zichorie« genannt. Er wirkt heute noch wie schon seit Jahrhunderten als vorzügliches Mittel zur Blutreinigung, als Anregung für Leber und Nieren. Eine Frühjahrskur mit Löwenzahn ersetzt eine halbe Apotheke!

Von völlig anderer Art ist der Feldsalat. Er gehört in die Familie der Baldriangewächse und ist auch sonst in fast jeder Beziehung anders als die Zichorien- und Lattichsalate. Seine Hauptzeit ist der Winter. Er hat den höchsten Eisengehalt aller Salate und enthält fünfmal soviel Vitamin A und dreimal soviel Vitamin C wie der Kopfsalat. Die Gärtner haben von seinem reichen Innenleben sicher schon lange etwas geahnt, denn sie gaben dem Feldsalat in jeder Landschaft einen besonderen liebevollen Namen: Nüßchen, Rapünzchen, Schafmäulchen, Mausohr oder Ackersalat.

Wenn ich durch den Garten gehe und mir in Gedanken meinen Salat-Plan für das ganze Jahr zurechtlege, dann bin ich froh, auch etwas aus der Familiengeschichte dieser gesunden Gewächse zu wissen. Es ist ähnlich wie bei der Bekanntschaft mit einem Menschen. Je mehr ich von seinem Werdegang weiß, von seinen Eltern, seiner Kindheit, seinen Begabungen und seinen Schwächen, desto besser kann ich mich auf ihn einstellen. Auch der Umgang mit Salaten ist ein anderer – in der Küche und im Garten –, wenn ich ein wenig von ihrer Herkunft weiß und etwas von den Eigenschaften, die in ihnen stecken. Daraus muß man keine Wissenschaft machen. Aber es ist doch recht amüsant,

beim Schneiden eines Salatkopfes daran zu denken, daß man auch im Garten in die Fußstapfen der alten Römer tritt.
Die allgemein bekannte Tatsache, daß »Salat gesund ist«, wird manchmal schon mit gelangweilter Miene zur Kenntnis genommen. Binsenweisheit! Wenn aber eine Hausfrau ihrem vom Streß geplagten Ehemann abends eine Salatplatte serviert, weil sie genau weiß, daß sie damit auch seine angespannten Nerven glättet und für eine friedliche Nacht sorgt, dann erhält die Rohkost einen ganz anderen Beigeschmack.
Aber ehe es soweit ist, müssen wir uns zunächst an die erdgebundenen Tatsachen halten. Alle Salate können als Zwischenfrucht angebaut werden. Sie brauchen kein eigenes Beet, sondern werden dort gesät oder gepflanzt, wo gerade Platz frei wird. Wenn das Beet gut mit Kompost versorgt ist, brauchen sie auch keine Zusatzdüngung. Wer es besonders gut meint, kann dem Kopfsalat und den Endivien in den ersten Wachstumswochen eine leichte Kopfdüngung aus Pflanzenjauche geben. Eine solche Düngerbrühe stellt man in einem Faß her. Dazu werden frische Brennesseln, Schachtelhalm und Reste von allen Kräutern des Gartens verwendet. Man übergießt sie mit Wasser (wenn möglich mit Regenwasser) und läßt sie einige Wochen vergären. Geringe Zusätze von tierischem Dünger können mit dieser leichten Jauche vermischt werden. Ob sie vor dem Gebrauch verdünnt werden muß, hängt davon ab, ob das Faß, in dem man die Brühe ansetzt, viel Flüssigkeit faßt oder ob man nur ein Pflanzenkonzentrat darin ansetzen kann. Diese Flüssigdüngung kann jederzeit während des Sommers und für alle Kulturen verwendet werden. Sie verursacht nie Verbrennungen. Genaugenommen ist das nicht nur eine Düngung, sondern auch eine Heilkräuterspritzung für die Pflanzen und die Erde. Sie wirkt niemals stark treibend und kann deshalb auch für Pflanzen mit geringen Düngeransprüchen verwendet werden.
Beginnen wir nun mit den Salataussaaten, so wie sie im Laufe der Vegetationsperiode aufeinander folgen. Im Freiland wird ab März/April der »Maikönig« ausgesät. Das ist ein ausgesprochener Frühlingssalat, der in der ersten Sommerhitze zu schießen beginnt. Man pflanzt am besten nur so viel, wie man in den Frühlingswochen auch verbrauchen kann. Ab Mai werden dann die Sommersalatsorten ausgesät, damit man laufend Nachschub hat. »Attraktion« und »Kagraner Sommer« sind bewährte Sorten, die auch im heißen Sommer feste geschlossene Köpfe bilden. Uralt, aber immer noch im Handel und immer noch gut ist die Sorte »Brauner Trotzkopf«, ein Kopfsalat mit bräunlichen Tupfen.
Eine gewisse Ähnlichkeit mit dem »Trotzkopf« hat der Pflücksalat »Amerikanischer Brauner«. Auch seine Blätter haben auf grünem

Grund eine rötlichbraune Einfärbung. Sie sind kräftig und stark gewellt. Diesen Schnittsalat kann man ab April mehrmals in Abständen aussäen. Er eignet sich gut als Beeteinfassung und wächst nach jedem Schnitt wieder nach. Im Herbst werden die Blätter etwas härter und bekommen einen leicht bitteren Geschmack. Schnittsalat ist im Ablauf des Salatjahres unentbehrlich. Er ist der ideale Lückenbüßer, der immer für frischen Nachschub sorgt. Angerichtet wird er genau wie Kopfsalat.
Eine besonders schmackhafte und charaktervolle Variante des Kopfsalates ist der sogenannte Eissalat oder Krachsalat. Der Name kommt nicht etwa daher, daß dieses Gewächs in Eis und Schnee aushält, sondern daher, daß der Salat sich im Kühlschrank mehrere Tage frisch und knackig hält. Seine Rippen sind dick, weiß und lecker. Der ganze Salat hat einen herzhaften, manchmal nußartigen Geschmack und hält sich trotz seines eisgekühlten Namens hervorragend in der Sommerwärme. Frost verträgt er nicht. Er bildet besonders dicke Köpfe, die manchmal für mehrere Mahlzeiten ausreichen. Eissalat wird von April bis Anfang Juli ausgesät. »Lüneburger Eis« und »Laibacher Eis« sind empfehlenswerte Sorten.

Ab Mitte Juni werden die Herbst- und Wintersalate ausgesät. Man kann mit ihnen schon die ersten abgeernteten Beete wieder auffüllen. Von nun an haben wir es hauptsächlich mit den Zichoriensalaten zu tun. Eine Schweizer Spezialzucht ist der »Zuckerhut«, der lange spitze Köpfe bildet und in geschützter Lage auch einige Grad Frost verträgt. Wer sichergehen will, schlägt ihn ab November im Keller ein in eine Kiste mit feuchtem Sand.

Etwas früher, von Mai bis Juni, wird sein Verwandter, der Chicoree, ausgesät. Beide haben die typische lange Pfahlwurzel der Zichoriengewächse und lassen sich deshalb nicht besonders gut verpflanzen. Es ist besser, die Salate aus dieser Familie an Ort und Stelle in Reihen auszusäen und dann später so weit zu vereinzeln, daß nur die kräftigsten Pflanzen weiter wachsen. »Brüsseler Witloof« und »Verbesserter Witloof« heißen die besten Sorten. Der Chicoree treibt im Laufe des Sommers lange Blätter, die grünen Hasenohren ähneln. Sie sind für den Salatgärtner zu nichts nütze und werden im Spätherbst alle abgeschnitten. Nur das innerste Herz bleibt erhalten. Die kräftigen Wurzeln werden vorsichtig ausgegraben und im dunklen Keller in einer Kiste oder einem Eimer mit feuchtem Sand aufrecht eingeschlagen. Der Raum darf aber nicht zu warm sein, 12 bis 15 Grad wären ideal. Im warmen Keller besteht die Gefahr, daß die Köpfe sich nicht fest schließen. In der Dunkelheit beginnt die Zichorie nun erneut zu treiben. So entstehen die wachsbleichen, aber wohlschmeckenden Zapfen des Chicorees. Wenn man die Wurzeln in Etappen einschlägt, kann man viele Winterwochen lang im Keller ernten.

Das weiße, vornehme Kellerkind hat aber eine rotwangige, abgehärtete Schwester, die es während des ganzen Winters im Freiland aushält. Es ist einer der charaktervollsten Salate, die ich kenne. Hinzu kommt sein frisches, reizvolles Erscheinungsbild: der rote Zichoriensalat »Rosetta Verona« oder »Roter Veroneser« ist gleichzeitig ein Genuß für das Auge und eine Delikatesse für die Zunge des Feinschmeckers. Ausgesät wird er von Mitte Juni bis Mitte Juli in Reihen von 25 cm Abstand. Die Einzelpflanzen werden später auf 10 cm Abstand verzogen. Wichtig ist, daß der Gärtner im Spätherbst, etwa Anfang November, die Blattschöpfe 5 cm über dem Boden abschneidet. Nur dann bildet der Radicchio, wie ihn die Italiener nennen, seine Rosetten, die an dunkelrote Rosenknospen erinnern. Dieser herrliche Salat ist in mildem Klima vollkommen winterhart und kann bei offenem Wetter von Dezember bis März im Freiland geerntet werden. In Landschaften mit harten Wintern müßte der Salatgärtner versuchen, den roten Zichoriensalat unter Fichtenreisigschutz oder im Frühbeet durchzubringen.

Ich habe es immer als besonders gärtnerisches Hochgefühl genossen, mitten im Winter in den Garten zu gehen und eine Schüssel voll frischen knusprigen Salat zu ernten. Die Triumphe der Köchin waren hinterher genauso erhebend. Dieser rote Salat sieht entzückend aus und eignet sich natürlich auch besonders gut zum Garnieren kalter Platten. Er schmeckt sehr kräftig und hat von der Bitterkeit, die allen Zichoriengewächsen eigen ist, nur einen feinen und pikanten Hauch.

Etwa zum gleichen Zeitpunkt, zwischen Juni und Juli, muß der Salatgärtner auch an die Aussaat des letzten Vertreters aus der Zichorienfamilie denken: an die Winterendivie. Endivien kann man auch verpflanzen, sie nehmen diesen Wechsel nicht so übel wie ihre Verwandten. Sie sind nicht winterhart, aber in den ersten kalten Nächten habe ich sie schon oft mit Plastikfolienschutz über die Runden gebracht, um länger im Freiland ernten zu können. Für kurze Zeit halten sie sich auch im Keller in einem Sandeinschlag. Dafür muß man sie aber unbedingt ganz trocken ernten, sonst faulen sie schnell. Genauso ist es auch beim Bleichen im Freiland. Viele Köche bevorzugen die gelblichweiß gebleichten Innenblätter der Endivien. Man darf sie zu diesem Zweck nur zusammenbinden, wenn sie schon ganz ausgewachsen sind und wenn das Wetter zuverlässig trocken ist. 14 Tage genügen für diese Prozedur.

Die Sorte »Gelber Escariol« reift früher als die besonders haltbare »Grüner Escariol«. Von Feinschmeckern wird außerdem die krause Winterendivie besonders geschätzt.

Die allerletzten Aussaaten bringt der Salatgärtner von August bis September in die Erde. Jetzt ist überall im Garten auf den abgeern-

teten Beeten genügend Platz für solche Nachfrüchte. Der Winterkopfsalat »Maiwunder« wird in tiefe Furchen gesät, damit er ein wenig Schutz vor rauher Witterung hat. Er reift im nächsten Frühling als frühester Freilandsalat.
Gleichzeitig muß man auch den Feldsalat aussäen. Er ist sehr anspruchslos und nimmt mit jedem Platz vorlieb. Ich finde es praktisch, ihn in Reihen auszusäen und nicht breitwürfig. Man kann ihn besser ernten und das Unkraut leichter entfernen. Feldsalat braucht zwar keinen Winterschutz, aber wenn er eine leichte Abdeckung aus Kiefernzweigen oder aus durchbrochenen Plastikfolien erhält, kann man ihn auch bei Frost und Schnee ernten. Die langblättrigen Sorten machen beim Putzen weniger Arbeit, aber die dunkelgrünen, rundblättrigen Sorten haben den besseren und würzigeren Geschmack.
Feldsalat ist der Wintersalat. Man darf ihn einfach nicht vergessen! Frisch geerntet und sofort verarbeitet schmeckt er unvergleichlich besser als gekaufter Feldsalat, der meist schon »Schlappohren« hat.
Ganz zum Schluß sei noch der Löwenzahn erwähnt. Er wird zweijährig kultiviert und im Juni am Rand eines Beetes ausgesät. Verwendet werden nur die zarten Blätter des Frühjahraustriebs, später ist der Löwenzahn zu bitter. Aber dieser Frühlingssalat ist zum Auftakt des neuen Gartenjahres das Gesündeste, was man auf den Tisch bringen kann.

Salat-Rezepte

Klassischer Kopfsalat

Die Salatblätter werden im ganzen gewaschen, trocken geschleudert und erst dann in Stückchen gerupft. Dann reibt man die Salatschüssel mit einer frischen Knoblauchzehe ab.
Aus drei Eßlöffeln reinem Pflanzenöl (am besten kaltgepreßtes Distel- oder Erdnußöl), einem knappen Eßlöffel bestem Weinessig, einer Prise Salz und einem Hauch frischgemahlenem Pfeffer wird eine Marinade angerührt.
Alle Zutaten für die Marinade müssen sich glatt miteinander verbinden.
Dann werden die Salatblätter darunter gemischt und sofort serviert.
In dieser Marinade können nach der gleichen Art auch Eissalat, Zuckerhut, roter Zichoriensalat und Endiviensalat angerichtet werden.
Jeder Salat entfaltet bei dieser Zubereitung seinen Eigengeschmack.
Endivien- und Feldsalat werden besonders gut, wenn man eine kleine Pellkartoffel zerdrückt und mit der Marinade vermengt.

Endiviensalat nach rheinischer Art

Die Blätter werden im ganzen gewaschen, trocken geschleudert

und dann in feine Streifen geschnitten. Nie darf geschnittener Salat noch einmal mit Wasser abgespült werden. Dabei verliert er Saft und Nährstoffe.
In die schon beschriebene Öl-Essig-Marinade wird eine sehr feingeschnittene Schalotte und ein Eßlöffel saure Sahne gerührt. Besonders wenn der Endiviensalat durch ungünstige Temperaturen etwas hart geworden ist, trägt diese Soße zu seiner Verfeinerung bei.
Man läßt den Salat dann eine Viertelstunde darin ziehen.

Kräuter-Salat
Die klassische Marinade wird mit feingewiegten frischen Kräutern vermischt: Schnittlauch, Zitronenmelisse, Borretsch, Dill, Estragon, Ysop, Eberraute, Weinraute, Tripmadam, Portulak und Pimpinelle eignen sich dazu. Man kann sie alle miteinander mischen oder besondere Kombinationen zusammenstellen.
Zum Beispiel:
- Borretsch, Dill, Pimpinelle und Schnittlauch
- Estragon, ein kleines Blättchen Weinraute und Ysop
- Zitronenmelisse und Basilikum

Die Kräutermarinade paßt zu Kopfsalat, Schnittsalat und Eissalat.

Chicoree-Potpourri
Die weißen Zapfen des Chicorees werden der Länge nach aufgeschnitten. Das bittere Herz muß entfernt werden. Dann schneidet man den Salat in feine Streifen. Die klassische Marinade wird für das Potpourri mit einem Hauch Curry und zwei Eßlöffeln frischer Sahne abgewandelt. Der Chicoree-Salat wird zum Schluß mit frischen Ananaswürfelchen (möglichst nicht aus der Dose!) und kleingehackten frischen Walnüssen vermischt.

Feldsalat
Da Feldsalat einen ausgeprägten würzigen Eigengeschmack hat, sollte die Marinade dazu zurückhaltend sein. Am besten schmeckt die klassische Öl-Essig-Soße zusammen mit einer kleinen feingeschnittenen Schalotte und einer kleinen zerdrückten Pellkartoffel.

Löwenzahn-Frühlingssalat
Der zarte erste Austrieb des Löwenzahns wird ebenfalls in der klassischen Marinade angemacht. Ich vermische ihn noch mit einigen jungen Blattrosetten von Gänseblümchen, was sowohl den Geschmack als auch die Wirkung der Frühjahrskur noch verbessert.

Löwenzahnsalat nach Großmutterart
Der Löwenzahnsalat wird wie beschrieben in der klassischen Ma-

Schön wie eine grüne Rose: Kopfsalat.

rinade angerichtet und kurz vor dem Servieren mit kroßgebackenen Speckwürfelchen übergossen.

Endiviensalat bäuerlich

2 Köpfe Endiviensalat, 125 g fetter Speck, Salz, Pfeffer.
Kartoffelpüree von 1 kg Kartoffeln.
Den Salat zerpflücken, waschen, in grobe Streifen schneiden und in kochendem Wasser blanchieren. In einem Durchschlag abtropfen lassen.
Den kleingewürfelten Speck in einer großen Pfanne auslassen, die Grieben herausnehmen, warmstellen. In dem Speckfett den Salat unter Rühren garen. Das Kartoffelpüree darunterheben, gut vermengen und heiß werden lassen. Mit Salz und Cayenne-Pfeffer abschmecken. In einer vorgewärmten Schüssel mit den Grieben bestreut servieren.

Das Salatkapitel ist mit Absicht sehr ausführlich zusammengestellt worden. Wenn man von diesen Gewächsen genügend Vorrat hat, kann man sich in der Küche über alle Runden retten. Es ist nicht so schlimm, wenn man in einem Gartenjahr nicht mehr dazu gekommen ist, Rotkohl oder Schwarzwurzeln zu säen. Diese Lücken kann man mit anderen Gemüsegerichten schließen. Aber frischer Salat in allen zwölf Monaten des Jahres ist durch nichts zu ersetzen. Er ist so gesund, so anregend und auch so hübsch anzuschauen, daß man zu ihm ein ganz festes Verhältnis knüpfen sollte – so eng, daß nicht ein einziger Tag durch die Maschen schlüpfen kann.

4

Lauter Kohlköpfe

Zu meinen ersten Gemüsegarten-Erfahrungen gehörte die Beobachtung, daß alle Kohlarten – vom Kohlrabi bis zum dicken Weißkohl – aus kugelrunden Samenkörnchen stammen. Auch die ersten Keimblätter, die kräftig und vital den Boden durchbrechen, ähneln sich sehr. Sie sehen ein wenig aus wie winzige regelmäßig eingekerbte vierblättrige Kleeblätter. So lernte ich beim Anblick der Saatreihen ganz schlicht und wirklichkeitsnah, daß alle Kohlarten eng verwandt sind und zur selben Familie, nämlich zu den Kreuzblütlern (*Cruciferae*), gehören.

Auch die Kenntnisse mit den kreuzförmigen Blüten brachten mir meine Kohlköpfe überraschend anschaulich bei. Ein vergessener Grünkohl blieb eines Frühlings auf seinem Platz stehen und vollbrachte eifrig, was um diese Zeit seine Aufgabe ist und woran ihn normalerweise nur der Kochtopf hindert: er begann zu blühen. Halbmeterlange schlanke Triebe waren über und über mit strahlend gelben Blütchen übersät. Es sah aus, als habe am Rande des Gartenweges eine exotische Schönheit leuchtende Kandelaber angezündet. Der Erfolg war verblüffend. Ahnungslose Besucher blieben staunend vor dem Blütenwunder stehen, und immer wieder hörte ich die gleiche Frage: »Was ist denn das für eine schöne seltsame Blume?«

Es war ein blühender Grünkohl – nicht mehr und nicht weniger.

Seitdem weiß ich, daß auch in den Kohlköpfen eine geheime Sehnsucht nach Adel und Schönheit verborgen ist. Es wunderte mich dann nicht mehr, als ich später in klugen Büchern las, daß vom Kohl schon bei den berühmten Ärzten und Naturkundigen der Antike, bei Theophrast und Dioskurides, die Rede ist. Selbst Cicero und Plinius waren sich nicht zu schade, über Kohl zu schreiben. Maurice Mességué behauptet, daß Kohl das älteste Gemüse der Welt sei und daß es ihn schon seit 4000 Jahren gebe. Der heilkundige Franzose schätzt den Weißkohl innerlich und äußerlich.

Als Arzt verwendet er Weißkohlblätter als Wundpflaster und warmen gehackten Kohl als schmerzlindernde Kompresse bei Rheumatismusanfällen. Roher Kohlsalat und Kohlsaft wirken wohltuend und heilend auf Leber, Darm und Stoffwechsel. Mességué meint, daß Kohl nur dann schwer verdaulich und eine Zumutung für empfindliche Mägen sei, wenn er in Wasser gekocht und mit fetten Würsten angereichert wird. Dem kann ich nur aus ganzem Herzen zustimmen. Weißkohl, Wirsing und andere Kohlgemüse sollten nur vorsichtig in Butter, Pflanzenöl oder wenig Fleischbrühe gedünstet werden! Doch davon später mehr.

Brassica,
die Kohlgewächse, haben sehr unterschiedliche Individuen für Garten und Küche anzubieten: die schweren, derb-bäuerlichen Kohlsorten für die Winterzeit, Weißkohl, Rotkohl und Wirsing, und feinere Gemüsesorten wie Spitzkohl, Rosenkohl, Blumenkohl und Kohlrabi. Wertvoll ist in jedem Fall ihr »Innenleben«. Alle Kohlarten enthalten viel Vitamin C und auch Vitamin A. Einige, vor allem Blumenkohl, weisen auch einen hohen Schwefelgehalt auf, der zur Desinfizierung des Darms beiträgt.
Im Garten nehmen aber die großen, spät reifenden Kohlsorten viel Platz weg. Rotkohl, Wirsing und Weißkohl lohnen sich nur, wenn man einen großen Garten und eine große Familie hat. Deshalb möchte ich hier das Schwergewicht auf die leichtgewichtigen Arten legen, von denen man im kleinen Garten kleine Mengen anbauen kann: Kohlrabi und Blumenkohl, Spitzkohl und Rosenkohl, Grünkohl und Chinakohl.
Mit Ausnahme der Kohlrabi haben alle Kohlarten einen hohen Düngeranspruch. Sie benötigen kräftige Nährstoffgaben und reichlich Wasser, wenn sie gut gedeihen und ihre große Blattmasse entwickeln sollen. Wenn der Gartenboden regelmäßig und reichlich mit Kompost versorgt wird, ist auch der Kohlanbau kein Problem. Eine Zusatzdüngung empfiehlt sich dennoch bei diesen »Starkzehrern«. Horn-, Blut- und Knochenmehl, Guano oder getrockneter Rindermist sind gleichermaßen geeignet. Sie werden am besten 10 Tage vor der Pflanzung in die Erde gebracht. In der ersten Wachstumsperiode tut eine Kopfdüngung mit Pflanzenjauche gut. Das Kohlbeet sollte auf jeden Fall gut vorbereitet werden. Es muß lokker, humus- und nährstoffreich sein. Beim Setzen der jungen Kohlpflänzchen wird oft der Fehler gemacht, die Abstände nicht groß genug zu wählen. Aber man sollte sich vom harmlosen Aussehen eines Blumenkohlsetzlings nicht täuschen lassen und sich immer vor Augen halten, wie groß der ausgewachsene Kohl eines Tages sein wird.

Grünkohl – eine Winterschönheit aus dem Gemüsegarten.

Blumenkohl
gehört zu den Delikateßgemüsen. Er hat im Garten oft Diva-Allüren, und es ist gar nicht so einfach, schöne weiße Köpfe zu bekommen. Die beste und zuverlässigste Sorte für frühen und späten Anbau ist nach wie vor der »Erfurter Zwerg«. Frühe Ernte lohnt sich bei allen Kohlarten, später im Herbst ist der Markt von diesem Gemüse überschwemmt. Deshalb sollte Blumenkohl möglichst früh, am besten schon Anfang März im Frühbeet oder unter Plastikfolie ausgesät werden. Ab April können die Pflanzen auf das vorbereitete Freilandbeet gesetzt werden. Der Abstand muß 40 × 50 cm betragen. Von nun an muß der anspruchsvolle weiße Kohl, wie schon beschrieben, gut ernährt und sehr reichlich mit Wasser versorgt werden. Er reagiert sofort mit Wachstumsstockungen, wenn der Gärtner sich einen Kulturfehler erlaubt. Wenn sich die Blumen bilden, knickt man einige Innenblätter um, damit sie dem Kohl Schatten spenden und die vornehme weiße Farbe gegen die Sonne schützen. Noch ein Tip für die Ernte: wenn der Blumenkohl mit dem Strunk nach oben eine halbe Stunde lang in kaltes Salzwasser gelegt wird, suchen alle eventuell versteckten Raupen das Weite!

Spitzkohl und Adventswirsing
Diese beiden Kohlsorten werden Ende August bis September ausgesät. Sie überwintern im Freiland und können im nächsten Jahr schon sehr früh ab Ende Mai bis Anfang Juli geerntet werden.
Man sollte nur soviel davon pflanzen, wie man während dieser Wochen auch verbrauchen kann, denn dieser frühe Kohl läßt sich nicht lagern.
Der Spitzkohl ist eine zarte Variante des Weißkohls und bildet locker gewickelte spitze Köpfe. Der Winterwirsing »Advent« bildet normale dicke Köpfe. Sein Vorteil liegt darin, daß er zu einer Zeit reift, in der noch wenig frisches Gemüse auf dem Markt und im Garten vorrätig ist. Man kann die leeren herbstlichen Gartenbeete mit seinem Anbau nutzen und nach der zeitigen Ernte im nächsten Jahr noch eine Nachfrucht pflanzen.
Spitzkohl und Wirsing stellen die gleichen hohen Ansprüche an den Boden und die Feuchtigkeit wie der Blumenkohl. Nur bei sehr kaltem Wetter brauchen sie einen leichten Winterschutz aus Stroh oder ähnlichem Material.

Rosenkohl und Grünkohl,
die auch während des Winters geerntet werden können, sind eine Bereicherung der Küche in vitaminarmer Zeit. Beide können als Nachfrucht auf abgeernteten Frühkartoffelbeeten angepflanzt werden. Dies sollte in der Zeit von Mitte bis Ende Juni geschehen. Jungpflanzen kann man sehr leicht einige Wochen vorher selbst heranziehen. Sie wachsen schnell und machen keine Umstände. Auch beim Rosenkohl und beim Grünkohl muß

man auf einen Abstand von 50 × 50 cm achten. Reichliche Nährstoffversorgung ist so wichtig wie bei allen anderen Kohlarten.
Beim Rosenkohl sollte man im Spätherbst die Spitzen herausbrechen, damit die Pflanze alle Kraft in die Röschen abgibt. Sie wächst selbst bei Kälte noch weiter. Rosenkohl und Grünkohl brauchen sogar den Frost, um einen besseren Geschmack zu entwickeln. Durch die Kälteeinwirkung wird nämlich das Zellulosegewebe weicher und leichter verdaulich. Durch gleichzeitiges Ansteigen des Zuckergehaltes mildert sich der vorher strenge Kohlgeschmack.
Diese beiden Wintergemüse haben einen außerordentlich hohen Vitamin-C-Gehalt. Auch Vitamin A ist reichlich vorhanden. Grünkohl enthält außerdem noch sehr viel Kalzium. Für den Liebhabergarten eignet sich am besten Grünkohl der Sorte »Niedriger Grüner« oder »Lerchenzungen«. Beim Rosenkohl ist immer noch die bewährte Sorte »Fest und Viel« empfehlenswert.

China-Kohl
wird auch bei uns in letzter Zeit immer beliebter. Er stammt ursprünglich, wie auch der Name verrät, aus Ostasien. In der berühmten chinesischen Küche hat er einen festen Platz und wird dort ähnlich wie im Westen der Weißkohl verwendet. Im Geschmack hat er mit Kohl aber nicht viel Ähnlichkeit. Er ist eher ein Mittelding zwischen Salat und Gemüse. Für beide Zubereitungsarten kann man ihn verwenden. China-Kohl ist arm an Kalorien, aber um so reicher an Vitaminen und Mineralien.
Im Garten ist er eine ideale Nachfrucht, denn er wird erst in der Zeit von Mitte bis Ende Juli an Ort und Stelle ausgesät. Verpflanzen sollte man ihn möglichst nicht. Er entwickelt sich besser, wenn er in der Reihe auf 25 cm Abstand verzogen wird. China-Kohl wächst sehr schnell, deshalb ist es gut, wenn das Beet schon vor der Aussaat gut gedüngt wurde. In knapp drei Monaten ist dieser Kohl aus dem Fernen Osten ausgereift. Bei guter Pflege bildet er schwere, dichtgewickelte längliche Köpfe. Leichtere Fröste übersteht er ohne Schaden. Aber bevor es richtig Winter wird, holt man die letzten Exemplare besser in den Keller. Alle beschädigten Blätter müssen unbedingt entfernt werden, ehe er in feuchten Sand eingeschlagen wird. Unter günstigen Umständen hält er sich dort noch zwei Monate.

Kohlrabi
sind die Leichtgewichte in der stämmigen Kohlfamilie. Sie können ähnlich wie Salat überall an leeren Stellen als Zwischenfrüchte gepflanzt werden. Nirgends steht geschrieben, daß man dieses runde apfelförmige Gemüse in Reih und Glied setzen müsse, stramm wie die Zinnsoldaten. Wozu auch? Kohlrabi lassen sich so herrlich im Vorübergehen ausziehen und schmecken wunderbar als kleine Zwischenmahlzeit.

Ein zarter Kohlrabi, in dünne Scheiben geschnitten und frisch gegessen, ist ein paradiesisches Vergnügen. Wenn dieser kleine Kohl unter guten, natürlichen Bedingungen aufgezogen wird, dann entwickelt er ein süßes nußartiges Aroma und ist ganz zart und saftig. Es wäre einfach eine Verschwendung, wenn man ihn nicht roh auf der Zunge zergehen ließe!

Und deshalb sollte man Kohlrabi auch überall im Garten verteilen, wo Platz ist. Hier ein Pflänzchen, da ein Pflänzchen, immer neue Vorräte von April bis Juli. Dazu muß man natürlich ständig kleine Mengen nachsäen. Die Sorten weißer und blauer »Delikateß« eignen sich für den frühen und mittelfrühen Anbau, im Sommer und Herbst bewährt sich die kräftige Sorte »Blauer Speck«.

Kohlrabi dürfen in keinem Garten und in keiner Küche fehlen. Sie zählen zu den kleinen, aber unentbehrlichen Freuden am Wegrand des Lebens. Nirgends gedeihen sie so süß und wohlschmeckend wie im eigenen Gemüsegarten. Hätte Eva im Paradies keinen Apfel gefunden, sie hätte bestimmt mit gleichem Appetit in einen weißen oder blauen Kohlrabi gebissen!

Kohl-Rezepte

Mutters Gemüsepudding

Dazu braucht man einen zarten Wirsing, von dem alle harten Außenblätter entfernt wurden. Die Innenblätter werden geputzt, in grobe Streifen geschnitten und ganz kurz in Salzwasser blanchiert. Währenddessen knetet die Köchin 300 Gramm Rinderhack mit Salz, Pfeffer, Muskatnuß, einer feingehackten Zwiebel, einem Ei und einem halben eingeweichten Brötchen. Die Masse darf kräftig gewürzt sein, denn der Gemüsepudding saugt viel Würze auf.

Eine Wasserbadform wird nun mit reinem Pflanzenöl und ein paar Flöckchen Butter eingefettet und lagenweise gefüllt. Die erste Schicht besteht aus Wirsingblättern, dann folgt Hackbratenmasse, und so weiter. Die oberste Lage besteht wieder aus Wirsinggemüse, das mit Butterflöckchen belegt wird. Wer es herzhaft liebt, der muß die einzelnen Gemüseschichten noch einmal extra würzen. Zum Schluß wird die Puddingform mit dem dazugehörigen Deckel fest verschlossen und in einen großen Topf mit leise siedendem Wasser gestellt. Der Gemüsepudding braucht etwa 40 bis 50 Minuten, bis er gar ist.

Die Gemüsebrühe im Inneren des Topfes wird vorsichtig in ein Ge-

fäß gegossen. Dann stürzt man den fertigen Gemüsepudding in eine Schüssel. Eine feine helle Mehlschwitze wird mit dem Gemüsesaft abgelöscht und vor dem Servieren noch einmal mit einer Prise Muskatblüte und frischgemahlenem Pfeffer abgeschmeckt. Diese Soße gehört unbedingt dazu!
Der Gemüsepudding wird beim Servieren in dicke Scheiben geschnitten. Dazu gibt es frische Salzkartoffeln. Die Zubereitung von Gemüse im Wasserbad ist besonders schonend, Geschmack und Vitamine bleiben soweit wie möglich erhalten. Daran sollte man immer denken, auch bei anderen Zubereitungsarten. Es wäre Sünde wider den guten Gartengeist, wenn die Gemüse, die gesund und wohlschmeckend aus eigener Anzucht in die Küche kommen, dort im Kochtopf barbarisch zerkocht würden.

Gedünsteter Weißkohl
Frischer, knuspriger Weißkohl gehört zu den wunderbarsten Gemüsegerichten, wenn er nur ganz zart gedünstet wird. Von den inneren Kohlblättern wird nur das dicke Endstück der Rippe entfernt. Dann schneidet man alles in feine Streifen und dünstet das Gemüse auf kleiner Flamme in Butter oder reinem Pflanzenöl mit sehr wenig Wasser. Noch delikater schmeckt Weißkohl in wenig Fleischbrühe gedünstet. Gewürzt mit etwas Salz, Pfeffer und ganz zum Schluß mit einem Hauch Muskatblüte.
Das Kohlgemüse muß noch ein wenig knackig sein beim Servieren.

Weißkohl-Salat
Geputzte, gewaschene und abgetropfte Weißkohlblätter werden fein gehobelt und mit wenig Salz überstreut. Der Kohl bleibt zugedeckt eine halbe Stunde stehen. Dann ist er weich geworden und wird mit einer Salatsoße vermischt, die aus Öl, Zitronensaft, etwas Pfeffer, einer feingehackten Zwiebel und Kümmel besteht.

Spitzkohl
Die äußeren Blätter des Kohls entfernen, den Rest zerschneiden, waschen und in einem Durchschlag abtropfen lassen. Eine kleingeschnittene Zwiebel in Fett glasig dünsten, Mehl hinzugeben, anschwitzen und mit Fleischbrühe ablöschen. Den Spitzkohl dazugeben und bei milder Hitze ca. 30 Minuten gardünsten. Mit Salz und Muskatnuß abschmecken.

Rosenkohl im Römertopf
Die geputzten Röschen werden in den vorher gewässerten Tontopf geschichtet, mit einer Tasse guter Fleischbrühe übergossen und mit Butterflöckchen bestreut. Gewürzt wird sparsam mit Salz, Pfeffer und Muskatnuß. Der geschlossene Römertopf bleibt

bei 200 Grad Hitze etwa 50 Minuten im Ofen. Die Brühe kann mit wenig Mehl und Sahne gebunden werden.

Blumenkohl mit brauner Butter
Die sorgfältig geputzten und gewaschenen Blumenkohlröschen werden in wenig Salzwasser 15 bis 20 Minuten auf kleiner Flamme gekocht. Sie müssen unbedingt fest bleiben und dürfen nicht auseinanderfallen. Vor dem Servieren werden sie mit brauner Butter übergossen.

Chinakohl-Salat
Die Blätter des Chinakohls sind so zart, daß sie roh zu Salat verwendet werden können. Sie werden einzeln gewaschen und geputzt. Nur das äußerste Ende der dicken Mittelrippe wird abgeschnitten. Dann schneidet man die Kohlblätter und die knusprigen Rippen in sehr feine Streifen und richtet sie in einer Marinade aus Öl, Zitronensaft (oder Weinessig), wenig Salz und Pfeffer und einer Spur Knoblauch an.
Chinakohl-Salat sollte vor dem Servieren etwa 15 Minuten ziehen. Der sehr feine, nußartige Eigengeschmack, der nur ganz entfernt an Kohl erinnert, kommt bei dieser schlichten Zubereitung am besten zur Geltung.

Chinakohl-Gemüse
Blätter und Rippen des Kohls werden in Streifen geschnitten und in frischer Butter oder Pflanzenöl vorsichtig angedünstet. Das Gemüse enthält soviel Wasser, daß man meist keine zusätzliche Flüssigkeit hinzufügen muß. Es wird mit wenig Salz, Zwiebelsalz und Muskatblüte gewürzt. Wer einen etwas kräftigeren Geschmack liebt, kann noch das würzige Cenofix hinzufügen. (Es stammt aus dem Reformhaus und enthält unter anderem Gemüsepulver, Hefeextrakt, Glutamat und andere Gewürze.)
Das Chinakohl-Gemüse darf im geschlossenen Topf nur 10 Minuten dünsten. Man kann es als delikate Gemüsebeilage servieren, es eignet sich aber auch als Omlettfüllung. Das fertige Gemüse kann auch ganz zum Schluß unter geschnetzeltes Schweinefleisch oder pikant gebratenes Hackfleisch gemischt werden. Es sollte, wenn es auf den Tisch kommt, immer noch etwas knakkig sein.

5

Wurzelgemüse – die Medizin im Kochtopf

Wurzeln sind ein Urbestandteil aller Pflanzen. Blätter und Blüten streben zum Licht, die Wurzeln aber dringen in die dunkle Erde ein. Sie klammern sich dort fest und geben dem ganzen Gewächs Halt, dem Apfelbaum ebenso wie dem Salatkopf. Das unterirdische Wurzelleben dient aber darüber hinaus vor allem der Aufnahme von Wasser und Nahrung. Die Entwicklung mancher Pflanzen führte dazu, daß Wurzeln dicker wurden und als lebendige Vorratsspeicher dienten. In diese dicken knollen- oder rübenförmigen Gebilde sind Vitamine, Spurenelemente und heilkräftige Bestandteile in reichen Mengen eingelagert. Diese Wurzeln sind natürlich besonders gesund. Das muß schon unseren Ahnen in grauer Vorzeit bekannt gewesen sein, denn das Sammeln von wilden Wurzelgemüsen war bereits in frühesten Zeiten üblich.

Was ursprünglich zum Wohlergehen der Pflanzen von der Natur entwickelt wurde, machten sich die Menschen zunutze. Nachdem die Wurzelgemüse durch die strenge Zuchtschule der Gärtner gegangen und noch umfangreicher geworden waren, hielten sie überall auf unseren Gemüsebeeten Einzug. Möhren, Sellerie, Rote Bete und Rettiche gehören in diese gesunde Gesellschaft. Sie alle sind gewissermaßen Medizin im Kochtopf. Voraussetzung dafür sind allerdings ein natürlicher Anbau und eine Zubereitung, die die wertvollen Inhaltsstoffe nicht zerstört.

Möhren

Möhren und Karotten gehören zum uralten Landadel, vor dem man eigentlich den Gärtnerhut ehrfürchtig ziehen müßte. Eine ihrer Ahnfrauen, die wilde Möhre (*Daucus carota*), wird noch heute als Heilpflanze geachtet. Ihre lange dürre Pfahlwurzel ist aber so holzig, daß sie wohl kaum allein die Entwicklung unserer schönen saftigen Möhren zustande gebracht hat. Wahrscheinlich hat auch die in Mittelmeerländern heimische Riesenmöhre (*Daucus maximus*) das Ihre dazu beigetragen. Erfolgreiche Kreuzungen unter wilden Möhren müssen bereits vor Tausenden von Jahren stattgefunden haben, denn schon die Griechen und Römer des Altertums achteten und aßen richtige Möhren. Sie verwendeten sie sogar als Aphrodisiakum. Darüber läßt sich streiten oder lächeln. Unbestreitbar ist dagegen noch heute – was schon die alten Römer wußten – die Wirkung der Möhren gegen Darmparasiten. So ganz nebenbei kann man mit Möhren auch eine Wurmkur machen. Vor allem aber sind die orangefarbigen Wurzeln sehr vitaminreich. Sie enthalten große Mengen Karotin, das die Vorstufe von Vitamin A darstellt. Erst im menschlichen Körper wird es, in Verbindung mit Fett, in Vitamin A umgewandelt, das unter anderem die Sehkraft der Augen stärkt. Möhren bieten in ihren dikken Wurzelspeichern also nicht nur schmackhaftes Gemüse, sondern auch eine Menge heilkräftige Eigenschaften an.

Im Gemüsegarten möchten sie auf Beeten zweiter Tracht stehen. Frischen Dünger vertragen sie gar nicht, sie werden dann leicht von Schädlingen befallen. Möhren sollen tief und gerade in den Boden hineinwachsen, es ist deshalb nur logisch, daß ihr Beet besonders gut gelockert sein muß. Ich habe auf meinem schweren, lehmigen Boden die Erfahrung gemacht, daß ein paar Eimer voll Sand die Erde am besten und dauerhaftesten lockern helfen. Der Kompost wird dann viel leichter wirksam. Kompost aber ist für mich das wichtigste beim Möhrenanbau. Das Wurzelgemüse bekommt bei keiner anderen Anbaumethode einen so süßen würzigen Geschmack! Selbst Kinder, die sich sonst verachtungsvoll von Möhren abwenden, können den »süßen Früchten« von einem kompostgedüngten Beet nicht widerstehen und beißen mit krachendem Vergnügen in die roten Wurzeln.

Wenn man auf einem solchen Beet Möhren und Zwiebeln abwechselnd in Reihen sät, wehrt man gleichzeitig die Möhren- *und* die Zwiebelfliege ab. Diese Mischkultur ist ein einfaches erfolgreiches Schädlingsbekämpfungsmittel. Möhren werden in Reihen mit 20 cm Abstand gesät. Der Samen keimt sehr langsam, deshalb ist es eine kluge alte Gärtnerregel, ein paar Körnchen Radieschensamen mitzusäen. Sie keimen schnell und markieren die Reihen, so daß man dazwischen gefahrlos Unkraut jäten und hacken kann.

Möhren sind nicht kälteempfindlich, sie gehören deshalb zu den frühesten Aussaaten, die man im Freiland wagen kann. Ab März/April kann man lange Möhren und die kleinen runden Karotten aussäen, Karotten sind schon nach 75 Tagen, also etwa nach zweieinhalb Monaten erntereif. Beliebt ist die Sorte »Pariser Markt«. Die übrigen Möhren brauchen länger, bis sie reif sind. Man kann aber gut noch einmal von Ende Mai bis Ende Juni Möhren aussäen für eine späte Ern-

te im Herbst oder sogar Anfang Winter. Bevor starker Frost eintritt, müssen die vitaminhaltigen roten Wurzeln im strohverpackten Frühbeet oder in Sandkisten im Keller eingeschlagen werden. Das ist aber nur eine winterliche Notlösung. Möhren schmecken am besten, wenn sie frisch aus der Gartenerde kommen, und deshalb sollten sie auch solange wie irgend möglich im Freien bleiben.
Für frühe und späte Aussaaten gleichermaßen geeignet sind die Sorten »Nantaise«, »Tip Top« und »Rotin«. Möhren sind roh oder als Gemüse gedünstet eine gesunde Delikatesse.

Sellerie

Unter den Wurzelgemüsen begegnen uns immer wieder altehrwürdige Gestalten. Auch die Sellerie gehört dazu. Ganz genaugenommen haben wir es bei ihr gar nicht mit einer dicken Wurzel, sondern mit einer verdickten Stielbasis zu tun, einer Scheinknolle. Das braucht aber weder die Gärtner noch die Köche zu stören. Beide zählen die Sellerie gewohnheitsmäßig zu den Wurzelgemüsen. Ihr guter Ruf ist so alt, daß sie solche Haarspaltereien gelassen hinnehmen kann.
In Abd-el-Quarna fanden Ausgräber ägyptische Mumien, die Kränze aus Sellerieblättern und Lotosblumen im Haar trugen. Im alten Griechenland wurden Sportler und Helden mit Sellerieblättern umkränzt. Außer zu solchen feierlichen Anlässen verwendete man im Altertum und im Mittelalter die Sellerie als Heilpflanze. Heute wird sie nur noch im Gemüsegarten in Ehren gehalten. Man weiß zwar – und das entspricht auch modernen wissenschaftlichen Erkenntnissen –, daß Sellerie harntreibend wirkt und deshalb für Gicht- und Rheumakranke sicherlich heilsame Wirkungen hat, aber in der Medizin wird sie nicht mehr verwendet. Daß man ihre gesunden Eigenschaften auch in einem feinen Selleriesalat gratis mitserviert, ist dennoch erfreulich zu wissen.
Mit einer jahrtausendelangen Hartnäckigkeit hat sich das Gerücht gehalten, daß Sellerie auch noch andere anregende Eigenschaften habe: Sie wurde zu allen Zeiten als Aphrodisiakum benutzt und soll müde Männer munter machen. Bewiesen wurde diese Seite ihres reichen Innenlebens bisher nicht – widerlegt hat sie auch niemand!
Fest steht dagegen, daß die Sellerie in der Knolle und in den Blättern die Vitamine A, B_1, C und ätherische Öle enthält. Sicher ist auch, daß der Gärtner sie auf ein gutgedüngtes Beet und humusreichen, feuchten Boden pflanzen muß. Schon im Herbst sollte das Selleriebeet deshalb mit Kompost und organischem Dünger reichlich versorgt und bis zum Frühjahr zusätzlich gemulcht werden. Die Anzucht der Selleriepflänzchen ist etwas umständlich. Der Samen muß schon im Februar/März im Warmen ausgesät werden. Ich besorge mir deshalb lieber die fertigen Pflanzen in der

zweiten Maihälfte beim Gärtner, denn von diesem Gemüse braucht man ja keine so großen Mengen. Sie wird so hoch und flach gepflanzt, daß sie in den ersten Tagen etwas wackelig auf den Beinen ist. Aber das macht nichts, schon nach kurzer Zeit ist sie eingewurzelt und steht aufrecht in der Reihe. Der Abstand zwischen den Pflanzen soll 40 mal 40 cm betragen. Tiefgepflanzte Sellerie bildet schlecht Knollen. Darauf muß man unbedingt achten. Später im Herbst schaut der obere Teil der Sellerieknolle ein wenig aus der Erde heraus. Dann entferne ich die untersten, am Boden liegenden Blätter.

Während der Wachstumszeit braucht sie reichlich Wasser. Wer zwischen den Reihen eine leichte Mulchdeckschicht auslegt, erspart sich das Gießkannenschleppen und sorgt gleichzeitig für Feuchtigkeit und fruchtbares Bodenleben.

Wer selbst aussäen möchte, der wähle die bewährte Sorte »Magdeburger Markt«.

Außerdem gibt es noch die Bleich- und Stangensellerie. Sie bildet keine Knollen und wird Ende April in 20 cm tiefe Furchen gesät. Der Abstand von einer Pflanze zur anderen muß später 50 × 50 cm betragen, denn die Stangensellerie wächst bis zum Herbst zu stattlicher Größe heran. Dann wird entweder mit Erde angehäufelt oder mit dunkler Plastikfolie umwickelt, damit die Stangen bleichen. Neuere Sorten sind aber von Natur aus so hell, daß diese Prozedur entfällt.

Am einfachsten hat man es mit einer Reihe Schnittsellerie. Sie treibt nur grüne, aromatische Blätter, die roh oder getrocknet als Gewürz verwendet werden.

Der herbe, würzige Geruch der Sellerieblätter hat für mich immer eine enge Beziehung zu herbstlichen Erinnerungen gehabt. Wenn ich Sellerie rieche, muß ich unwillkürlich an deftige Suppen denken und daran, daß man sich nun bald auf lange Winterwochen vorbereiten muß.

Rote Bete

Diese kugelrunde, dunkelrote Wurzel gehörte zum festen Bestand von Großmutters Gartenbeeten und vor allem zu den Wintervorräten in ihren Steinguttöpfen. Es gibt kaum ein zweites Gemüse, das so bescheiden und gleichzeitig so gesund ist wie die rote Rübe oder Rote Bete. In den fleischigen, saftstrotzenden Knollen sind große Mengen an Vitaminen und Spurenelementen verborgen, unter anderem Vitamin A, B_1, B_2, B_6, C und P. Die Chemiker fanden außerdem noch Kalium, Phosphor, Kalzium, Schwefel, Jod, Eisen und die seltenen Metalle Rubidium und Caesium. Der frischgepreßte Saft der Roten Bete ist reinste Medizin, die vor allem blutbildend wirkt. Er enthält aber auch einen roten Farbstoff, der früher in der Küche gern zum Färben von Speisen verwendet wurde. Nachdem es sich herumgesprochen hat, daß künstliche Färbemittel gesundheitsschädlich sein können, kann

auch dieser nützliche Nebenaspekt eines Gartengewächses wieder an Bedeutung gewinnen.
Die Rote Bete ist im Gemüsegarten eine schlichte, bäuerliche Erscheinung, der man auf den ersten Blick so viele gute Eigenschaften gar nicht zutrauen möchte. Auch ihre Ansprüche an den Boden sind bescheiden. Die Rüben wachsen am besten in zweiter Tracht und nehmen auch mit einem schattigen Beet vorlieb. Man sät sie in Reihen von 25 cm Abstand. Am praktischsten ist es, alle 10 cm zwei Samenkörner zu legen. Damit erspart man sich späteres Auslichten oder Verpflanzen. Eine späte Aussaat, etwa ab Mitte Mai, ergibt zarte, saftige Knollen für die Winterzeit. Die Roten Bete lassen sich sehr gut im Keller in Sand einlagern oder im Steintopf konservieren. Vor dem ersten Frost müssen sie ausgegraben werden. Die Blätter werden dann vorsichtig abgedreht. Die roten Knollen dürfen nie und an keiner Stelle verletzt werden, sonst fließt sofort der kostbare Saft aus.
Noch einfacher und problemloser als mit Roten Beten kann man gesundes Gemüse im Garten nicht ziehen! Zwei bewährte Sorten werden in Samentüten angeboten: die runde Sorte »Rote Kugel« und eine Neuzüchtung, die längliche Wurzeln bildet, »Forma nova« heißt und einen höheren Ertrag garantiert.

Rettich

Mit den schwarzen, weißen und rosa Rettichsorten begeben wir uns wieder auf sehr geschichtsträchtigen Gartenboden. Die scharfwürzige Wurzel scheint seit vielen tausend Jahren ein beliebtes Nahrungsmittel gewesen zu sein. In einem alten Dokument taucht sie schon im Jahre 110 v. Chr. in China auf. In der westlichen Welt bezeugte Herodot die ehrwürdige Tradition des Rettichs. Er erzählte, daß ägyptische Priester ihm einen Hieroglyphentext am Fuß der Cheopspyramide übersetzten. Darin war die Rede von »Rettich, Zwiebeln und Knoblauch«, die man zur Verpflegung der Sklaven brauchte beim Bau des steinernen Kolosses.
Die Beliebtheit des Rettichs seit uralten Zeiten kommt nicht von ungefähr. Was man schon früh ahnte, haben moderne Wissenschaftler exakt bewiesen: Rettichwurzeln sind reich an Vitaminen und Mineralsalzen. Der Saft dieses Gewächses regt die Nieren- und Gallentätigkeit an und ist ein hervorragendes Heilmittel bei Stoffwechselkrankheiten. Rettichesser tun beständig etwas gegen Nierensteine und Rheumatismus!
Wer einen empfindlichen Magen hat, der muß mit den scharfschmekkenden Wurzeln etwas vorsichtig umgehen. Sie sind auch relativ schwer verdaulich.
Allzu scharf sollte der Rettich aber auch im Normalfall gar nicht werden. Wenn er rasch und zügig wachsen kann, bleibt er auch zart und saftig. Am liebsten hat er warme, leichte Böden, in die er ohne Mühe tief hineinwachsen kann. Schweren Gartenboden muß man mit Sand,

Kompost und ständigem Mulchen lockern und tiefgründig machen. Wenn diese Bedingungen nicht erfüllt werden, wird der Rettich dunkel, scharf und wurmig werden. Er kann zwar gut überall als Zwischenfrucht oder Nachfrucht ausgesät werden, aber auf regelmäßige Feuchtigkeit muß ein Gärtner unbedingt achten. Trockenzeiten lassen den Rettich hart und holzig werden. Wichtig ist auch ein Abstand von 15 bis 25 cm (je nach Sorte) zwischen den Pflanzen, damit sie sich kräftig entwickeln können und sich nicht unterirdisch auf die Füße treten.

Schon im März kann man die ersten Frühlingsrettiche und ihre zierlichen Verwandten, die Radieschen, unter Glas oder Folie aussäen. Wenig später gedeihen sie auch schon auf Freilandbeeten. Zu den besten Frühlingssorten zählen die rosa Rettiche »Ostergruß«, »Hilds Roter Neckarruhm« und der weiße »Marktgärtner«. Für den Sommeranbau eignen sich Sorten, die auch bei Hitze nicht pelzig werden: »Maindreieck«, »Halblanger weißer Sommerrettich« und der beliebte »Münchner Bier«. Sie werden von Ende Juni bis Ende Juli ausgesät. Der Dritte im Rettich-Bunde ist der schwarze Winterrettich, der ab Anfang Juli ausgesät wird, wenn andere Gemüse schon das Feld geräumt haben. Dieser schwarze späte Rettich eignet sich zum Einlagern im Winter. »Runder schwarzer Winter« mit plattrunden Wurzeln und »Langer schwarzer Winter« mit pfahlförmigen Wurzeln sind die gebräuchlichsten und immer noch bewährten Sorten.

Mit Hilfe dieses schwarzen Winterrettichs machte Großmutter einen wirksamen Hustensaft. Die Wurzel wurde zu diesem Zweck ausgehöhlt und mit Honig gefüllt. Durch eine Öffnung an der Spitze floß langsam, mehrere Stunden lang, ein Gemisch aus Honig und Rettichsaft heraus. Diese Medizin wurde den Kindern löffelweise verabreicht. Sie löste wohltuend Husten, Heiserkeit und Bronchialkatarrh auf.

Feinschmecker werden den Rettich auf andere Weise genießen wollen. Sie können das fast das ganze Jahr hindurch tun, wenn der Gärtner aufgepaßt und immer die richtigen Sorten nachgesät hat.

Mehr als alle anderen Gemüsearten stehen die Wurzelfrüchte des Gartens den Heilpflanzen nahe. Tief in der dunklen Erde wachsen sie heran und saugen sich dort mit Wirkstoffen voll. Wer Wurzelgemüse sät und erntet, putzt und dünstet, müßte eigentlich immer den Blick eines uralten weisen Medizinmannes im Nakken spüren. Denn Möhren und Sellerie, Rote Bete und Rettiche sind nicht nur Delikatessen für den Gaumen des Feinschmeckers, sie sind gleichzeitig auch eine Wohltat für die inneren Organe.

Rezepte

Möhren-Vorspeise
Eine frischgeerntete Möhre wird gewaschen und, wenn nötig, vorsichtig geschabt oder gebürstet. Auf einer Reibe wird die Wurzel dann in feine Streifen gehobelt. Ein saftiger, etwas säuerlicher Apfel wird mit der Schale gerieben und unter die Möhre gemengt. Wenn der Apfel nicht saftig und sauer genug ist, muß man mit ein paar Tropfen Zitronensaft nachhelfen. Diese Vorspeise muß sofort serviert werden.

Möhren-Gemüse
Junge Möhren und Karotten dürfen nie geschält werden! Man entfernt nur die Wurzelhaare und grüne Stellen. Am besten ist es, wenn man sie nur mit einer Bürste säubert.
Möhren, die nach der biologischen Methode nur mit Kompost und organischem Dünger ernährt wurden, haben ein auffallend gutes Aroma. Es sind »süße Früchte« im besten Sinn. Deshalb braucht man im Kochtopf auch kaum noch nachzuwürzen.
Karotten bleiben, wie sie sind, lange Möhren werden in Scheibchen oder Streifen geschnitten, in Butter oder Öl angedünstet und mit wenig Wasser oder Fleischbrühe abgelöscht. Im geschlossenen Topf wird das Gemüse dann auf kleiner Flamme 15 bis 20 Minuten gedünstet. Die Flüssigkeit sollte dann eingekocht sein. Die Möhren müssen glänzend aussehen und noch ein wenig knackig sein. Gewürzt wird sehr vorsichtig mit einer Prise Salz. Zusätzlicher Zucker ist bei guten frischen Möhren nicht nötig. Vor dem Servieren bestreut man das Gemüse mit feingewiegter Petersilie.

Mutters Selleriesalat
Sellerieknollen und einige Möhren werden geputzt, geviertelt und in möglichst wenig Salzwasser auf kleiner Flamme gedünstet. Sie müssen weich, aber »kernig« sein, so daß man sie schneiden kann, ohne daß sie auseinanderfallen. Das Gemüse wird zum Abkühlen herausgehoben und in ein Sieb gelegt. Die Brühe kann später für Suppe verwendet werden.
Aus Öl, Weinessig (oder Zitrone), Salz, Pfeffer, einer feingewiegten Zwiebel und kleingeschnittenen Gewürzgurken wird eine Marinade zubereitet. Zwei Eßlöffel saure und zwei Eßlöffel süße Sahne werden daruntergemischt. Zum Schluß gibt man den erkalteten, in kleine Würfel geschnittenen Sellerie und die in feine Streifen geschnittenen Möhren dazu. Der Salat muß 15 bis 30 Minuten ziehen und wird vor dem Servieren noch einmal nachgewürzt.

Sellerie-Schnitzel

Sellerieknollen werden im ganzen gekocht, abgeschreckt und geschält. Dann schneidet man sie in dicke Scheiben, die nach Geschmack gewürzt und dann in heißem Öl kurz ausgebacken werden. Diese Sellerie-Schnitzel schmecken gut zu feinem Kartoffelpüree.

Stangensellerie als Gemüse

Geputzte Selleriestangen (ohne Grün) waschen und in Stücke schneiden. In Salzwasser, dem man etwas Zitronensaft zugesetzt hat, 30 bis 40 Minuten gar dünsten. Eine flache Auflaufform fetten, das abgetropfte Gemüse damit auslegen. Mehl in Butter schwitzen, mit Milch zu einer sämigen Soße kochen, mit Salz, Muskatnuß und Zitronensaft abschmecken. Reichlich geriebenen Käse darunterrühren und mit einem Eigelb legieren. Die Soße über den Sellerie ziehen, mit Käse bestreuen, Butterflöckchen aufsetzen und im vorgeheizten Backofen 30 Minuten backen. Eventuell zum Schluß unter dem Grill bräunen lassen.

Frischer Rote-Bete-Salat

Die Knollen werden sehr vorsichtig von Wurzeln und Stengeln befreit und sorgfältig gewaschen. Jede Verletzung muß vermieden werden, weil dann der kostbare rote Saft »ausblutet«. Die Roten Bete werden im ganzen gargekocht. (Vorsicht, keine Gabelprobe machen!) Nachdem sie kurz mit kaltem Wasser abgeschreckt wurden, lassen sie sich ganz leicht »häuten«.

Während sie abkühlen, bereitet man eine Salatsoße aus Öl, Weinessig, Salz, Pfeffer, einer Prise Zucker, dünnen Zwiebelringen, einem Lorbeerblatt und Kümmel. Die Roten Bete werden in möglichst feine Scheiben geschnitten und mit der Soße vermischt. Dieser Salat kann vor dem Servieren – zugedeckt – eine Stunde ziehen.

Frischer Rettich

Zarte Rettiche werden dünn geschält und in sehr feine Scheiben geschnitten oder gehobelt. Mit wenig Salz bestreut, bleiben sie zugedeckt kurze Zeit stehen. Sie sollen aber nicht zu viel Saft »ziehen« und ganz frisch serviert werden. Rettich schmeckt gut zu Quarkbroten, die seine Schärfe etwas mildern.

6

Früchte der Schmetterlingsblütler: Erbsen und Bohnen

Erbsen und Bohnen haben einen klangvollen poetischen Familiennamen: sie gehören zu den Schmetterlingsblütlern. Zu ihrer weitverzweigten Verwandtschaft zählen die bunten duftenden Wicken am Gartenzaun und die Erdnüsse. Ihre Herkunft liegt zum Teil im dunkeln. Die Wanderwege der Erbsen und Bohnen gehen seltsam verschlungen über die halbe Erde bis in unsere europäischen Gärten. Weder Griechen noch Römer, noch Ägypter scheinen Erbsen und Bohnen angebaut zu haben, jedenfalls nicht diejenigen Sorten, die wir heute säen. Im Altertum kannten die Gärtner und Köche wahrscheinlich nur die Kichererbsen (*Cicer*). Pisum, unsere Gemüseerbse, stammt möglicherweise aus Asien.

Die Bohnen sind dagegen ursprünglich Pflanzen des amerikanischen Kontinents. Spanische Eroberer brachten die ersten Bohnen in den dunklen Bäuchen ihrer Kriegsschiffe mit ins alte Europa. Sie müssen schon damals – im 17. Jahrhundert – bei den Indianern Mittel- und Südamerikas lange in Kultur gewesen sein. Inzwischen sind beide Gemüsearten längst auch bei uns heimisch und fester Bestandteil unserer Gartenbeete und Rezeptsammlungen. Vergessen sind die abenteuerlichen Reisen, die Erbsen und Bohnen um die halbe Welt führten. Die Gärtner Europas haben neue Sorten gezüchtet, die bei uns besonders gut gedeihen. Wir haben die Wahl zwischen vielen ertragreichen, zartfleischigen und fadenlosen Züchtungen. Großmutters »Posthörnchen« gibt es nicht mehr. Sie haben den Platz geräumt für neue Sorten. Unvergeßlich aber ist mir ihr kluger Gärtnerinnenrat, im Sommer immer noch einmal eine zweite Buschbohnen-Aussaat vorzunehmen, die im September reift. Unvergeßlich bleibt mir auch Großmutters Gewohnheit, eine Portion Bohnen in ihre weite gestreifte Schürze zu pflücken. Die frischen Böhnchen hatten einen herrlichen Duft. Sie wanderten sofort in die Küche. Zwischen der Ernte und dem Essen lag nur kurze Zeit. Nie

schmecken Bohnen besser als bei solcher Zubereitung. Dann versteht man plötzlich, warum ein Züchter eine seiner zarten Sorten »Prinzeßbohnen« nannte!
Ganz ähnlich verhält es sich mit den ersten süßen Erbsen. Als Kinder haben wir sie am liebsten roh gegessen und konnten gar nicht genug davon bekommen. In der Küche aber waren sie meist als zierliche Begleiterinnen des Sonntagsbratens eingeplant.
Erbsen und Bohnen gehören zu den nahrhaften Hülsenfrüchten. Ein längliches, geschlossenes Fruchtblatt umhüllt die Samenkörner. Bohnen- und Erbsenkörner sind eigentlich dicke fleischige Keimblätter. Deutlich wird diese im ersten Augenblick überraschende Tatsache bei der Aussaat. Wenn die Samen keimen, klappen die Erbsen und die Bohnen in zwei Hälften auseinander. Aus ihrem Inneren sprießt der Keimling.
Die Hülsenfrüchte und die Schmetterlingsblütler warten im Garten noch mit anderen Überraschungen auf. An ihren Wurzeln hängen kleine Knöllchen, die von Stickstoffbakterien gebildet werden. Diese Mikroorganismen leben in enger Gemeinschaft mit den Wurzeln der Pflanzen. Dabei vollzieht sich in der Erde ein wunderbarer chemischer Umwandlungsprozeß. Die Bakterien binden den in der Luft enthaltenen natürlichen Stickstoff an sich und wandeln ihn in Ammoniak um. Nach einiger Zeit sterben die Kleinstlebewesen ab und lösen sich auf. Der von ihnen bei lebendigem Leib produzierte Stickstoffdünger wird frei und kann von den Pflanzen der Umgebung – auf unseren Beeten also von Erbsen und Bohnen – aufgenommen werden. Auf diese Weise erklärt es sich leicht, daß die Hülsenfrüchte in dritter Tracht stehen. Sie sorgen selbst für Nahrung. Ein Teil der natürlichen Düngung mit Hilfe von Stickstoffbakterien geht auch ins Erdreich über. Erbsen und Bohnen hinterlassen also nie ein ausgelaugtes Beet.

Buschbohnen

Die niedrigen Buschbohnen eignen sich gut für kleine Gemüsegärten. Schon von zwei Reihen Bohnen kann man die Küche einige Male mit frischer Bohnenernte versorgen. Das Bohnenbeet braucht nicht zusätzlich gedüngt zu werden, soll aber, wie der ganze Gemüsegarten, in gutem, humosem Zustand sein. Kompostgaben im Herbst und eine Mulchabdeckung bis zur Aussaat sind die besten Vorbereitungen. Zwischen den Saatreihen können dann die Reste der Mulchdecke liegenbleiben. Bohnen sind wärmebedürftig und dürfen erst ab Mai in die Erde gelegt werden. Man kann dann noch mit einer Folienüberdeckung für schnelleres Keimen und Wachsen sorgen. Dadurch erreicht man natürlich auch einen früheren Erntetermin.

Stangenbohne »Blauhilde« – beim Kochen wird sie grün.

Die letzte Buschbohnensaat muß bis Mitte Juli in die Erde. Auf einem Beet von 1,20 m Breite haben drei Reihen Bohnen Platz. Sie werden etwa 3 cm tief gelegt. Wenn ich im Frühling Böhnchen säe, fällt mir immer Großmutters anschauliche Mahnung ein, daß diese Hülsenfrüchte nicht zu tief eingebuddelt werden dürfen, denn »sie wollen die Glocken läuten hören!« Auch bei der Ernte muß ich an sie denken. Ich sehe immer noch ihre von der Arbeit gezeichneten Hände vor mir. Ruhig und sicher griffen sie zu, nie waren ihre Bewegungen ungeduldig oder hastig. Gerade beim Bohnenernten ist solche Gelassenheit nötig. Sie sollen mit zwei Händen sorgfältig gepflückt und nicht abgerissen werden. Sonst beschädigt man die Pflanzen und bringt sich selbst um die nachwachsenden Früchte.

Nun bleibt dem Bohnengärtner noch die Qual der Wahl zwischen grünen Sorten und den gelben Wachsböhnchen. Delikat sind sie beide.

Die Wachsbohnen schmecken besonders gut als Salat. »Wachs Beste von Allen« ist eine bewährte gute Sorte. Unter den grünen Buschbohnensorten ist die altbewährte »Saxa« noch immer zu empfehlen. Sie ist robust und eignet sich auch für die späte Aussaat. Eine zarte fadenlose neuere Sorte ist »Marona«.

Bei der Auswahl der richtigen Bohnensorte muß man wegen der Kälteempfindlichkeit auf das Klima Rücksicht nehmen, in dem der Gemüsegarten liegt. Ein fachkundiger Samenhändler am Ort kann manchmal den besten Ratschlag geben.

Stangenbohnen brauchen im Garten viel mehr Platz. Vor allem aber muß man für sie die hohen Kletterstangen aufstellen. Dafür bekommt man allerdings zum Lohn eine viel reichere Ernte als beim bescheidenen Fußvolk der Buschböhnchen.

Wenn der Gemüsegärtner seinen jungen Bohnen im Frühjahr behilflich sein will bei den ersten tastenden Rankversuchen, dann darf er nicht vergessen, daß sie sich stets von links nach rechts drehen.

Auch die Stangenbohnen gibt es in grünen, gelben und außerdem noch in einer blauen Sorte. »Blauhilde« leuchtet mit tintenblauen langen Hülsen etwas unwirklich durch den Gemüsegarten. Beim Kochen wird sie dann überraschend grün und sieht schließlich auf dem Teller wieder ganz »normal« aus. »Neckarkönigin« und »Mombacher Speck« sind sehr gute grüne Stangenbohnensorten. »Goldregen« bewährt sich als Wachsstangenbohne.

Eine robuste Bauernschönheit unter dem etwas empfindsamen, wärmeliebenden Bohnenvolk ist die Feuerbohne. Man nennt sie auch Prunk- oder Wollbohne. Überall dort, wo Busch- und vor allem Stangenbohnen nicht mehr gedeihen wollen, weil das Klima zu rauh und der Boden zu kalt ist, übernehmen die Feuerbohnen die Rolle der nützlichen Schmetterlingsblütler im Garten. Sie benötigen kein Extragerüst, ein Zaun oder ein paar ausgespannte Drähte genügen für ihre

Kletterkünste. Ich habe Feuerbohnen sogar schon im Balkonkasten gezogen. Sie stürmten temperamentvoll an einem Bambusgitter hoch, sorgten in kürzester Zeit für Sichtschutz und entfalteten schon bald die Flügel ihrer feuerroten oder weißen Schmetterlingsblüten, die ihnen zu ihrem Namen verhalfen. Wieder einige Wochen später baumelten am Balkongitter die ersten Bohnen wie kleine grüne Krummsäbel. Jetzt wurde auch rasch klar, warum diese Früchte »Wollbohnen« genannt werden. Die Oberfläche der Hülsen wird mit zunehmendem Alter immer rauher und wolliger. Feuerbohnen müssen also so jung wie möglich in den Kochtopf wandern. Dann sind sie noch ganz zart und sehr wohlschmeckend. Von meinen Balkonbohnen habe ich damals eine herrliche Gemüsesuppe gemacht!

Von einem besonders experimentierfreudigen Gemüsegärtner erfuhr ich eines Tages den sinnreichsten Bohnentrick, von dem ich je gehört habe: Er pflanzte Feuerbohnen auf seinem Komposthaufen. Darüber spannte er Drähte, an denen die Pflanzen hochklettern konnten. Dieses Bohnenexperiment hatte einen dreifachen Erfolg.

1. Die Pflanzen wuchsen auf dem guten Untergrund besonders üppig und brachten eine reiche Ernte.

2. Der Kompost war während des ganzen Jahres durch ein luftiges Blätterdach schattiert.

3. Die Feuerbohnen hatten den Haufen mit ihren Wurzeln ganz durchdrungen und auf natürlichste Weise gelockert. Als der Gärtner neugierig nachforschte, fand er die Wurzeln überreich mit Knöllchenbakterien besetzt. Nachdem das Bohnenlaub abgeschnitten war, blieb also ein reich mit Stickstoff gedüngter Komposthaufen zurück.

Mit Bohnen können sowohl die Gärtner als auch die Köche die schönsten Experimente machen. Sie dürfen in keinem Gartenjahr fehlen. Nur vor einer Eigenschaft muß man immer wieder warnen: Bohnen dürfen nie roh gegessen werden. Sie enthalten eine Stickstoffverbindung (Phasin), die in größeren Mengen giftig ist. Erst beim Kochen wird dieser Giftstoff zerstört. Kinder dürfen deshalb nie auf eigene Faust im Bohnenbeet ernten!

Erbsen

Die Erbsenbeete werden genauso vorbereitet wie die Bohnenbeete. Sie können aber schon ab März bestellt werden, denn Erbsen sind viel weniger kälteempfindlich. Aber bevor der Gemüsegärtner zur Samentüte und zum Rechen greift, muß er die drei Haupterbsentypen unterscheiden lernen: die Markerbsen, die Palerbsen und die Zuckererbsen. Palerbsen haben große glatte runde Körner. In reifem Zustand sind sie leicht mehlig. Markerbsen werden im Alter runzelig und hart. Sie müssen jung und grün geerntet werden, dann sind sie unvergleichlich zart und süß. Die Zuckererbsen werden entgegen sonstigen Ge-

wohnheiten nicht gepellt, sondern mit den Hülsen gekocht.
Wer die frühesten Erbsen in der Küche haben möchte, der muß schon im März Palerbsen aussäen. Sie vertragen die wetterwendischen Launen des Frühjahrs und überstehen auch kalte Zeiten. Jung geerntet schmecken sie am besten. Die bewährte Sorte »Kleine Rheinländerin« und die neuere Züchtung »Rheinperle« werden höchstens 50 cm hoch und brauchen keine stützenden Reiser.
Markerbsen werden erst ab Mitte April ausgesät. Sie haben die »süßesten Früchte«, solange sie jung und grün sind. Die Sorte »Wunder von Kelvedon« reift früh und wird nur 40 cm hoch. »Aldermann« erreicht dagegen die stattliche Höhe von 1,30 m und braucht eine Kletterstütze aus Reisern oder Maschendraht.
Um die gleiche Zeit wie die Markerbsen werden auch die Zuckererbsen ausgesät. Sie sind eine besondere Delikatesse für Feinschmecker, wenn sie jung geerntet werden, solange die Erbsen höchstens streichholzkopfgroß sind. Die Hülsen haben keine Bastschicht und können deshalb mitgekocht werden. »Zuga« ist eine gute neuere Sorte.
Erbsen werden in Reihen von etwa 40 cm Abstand 5 cm tief gesät. Die Saatfurchen müssen gut angedrückt und möglichst mit Maschendraht oder Reisig abgedeckt werden, denn die Vögel, vor allem die Amseln, sind wahre Spezialisten im Ausscharren von Erbsenkörnern.
Im übrigen stellen die Schmetterlingsblütler mit den nahrhaften Hülsenfrüchten in der Kultur keine großen Ansprüche mehr. Sie lieben freien sonnigen Stand und sind ebenso wie die Bohnen eine ausgezeichnete Vorfrucht für spätere Kulturen.
Von Erbsen und Bohnen sollte der Gemüsegärtner für den privaten Gebrauch unbedingt selber Saatgut für das nächste Jahr zurückbehalten.
Das ist ganz einfach, weil die Körner ja sehr groß sind und man nichts anderes zu tun braucht, als ein paar Hände voll Hülsen ausreifen zu lassen. Saatgut von Pflanzen, die unter natürlichen Bedingungen gewachsen sind, ist qualitativ ebenso hochwertig wie die Früchte, die in die Küche wandern. Man merkt es im nächsten Gartenjahr, denn aus gesundem Samen wachsen auch kräftige Jungpflanzen!

Bohnen- und Erbsen-Rezepte

Butterböhnchen
Zarte grüne Buschbohnen werden unter fließendem Wasser gewaschen und anschließend geputzt. Bei guten fadenlosen Sorten geht das sehr schnell. Sehr junge Bohnen nimmt man, wie sie gewachsen sind, größere Bohnen werden in 3 cm lange Stücke gebrochen oder geschnibbelt. Man wendet die Bohnen kurz in heißer Butter, gießt wenig Wasser zu und dünstet sie in etwa 30 Minuten langsam gar. Die Bohnen müssen aber unbedingt fest und knackig bleiben. Statt Butter und Wasser kann man auch eine leichte Fleischbrühe zum Dünsten verwenden. Gewürzt wird mit Salz und frischem, kleingehacktem Bohnenkraut. Mit einem Hauch frischgemahlenem Pfeffer würzen.

Großmutters Bohnensalat
Grüne Buschbohnen oder Wachsbohnen werden mit Bohnenkraut in Salzwasser gargekocht, abgeschüttet und abgekühlt. Dann gibt man sie in eine Marinade aus reinem Pflanzenöl, Weinessig (oder frischer Zitrone), etwas Salz, Pfeffer, einer feingewiegten Schalotte und einem Eßlöffel saurer Sahne.

Feuerbohnen-Suppe
Die Feuerbohnen müssen sehr jung und saftig geerntet werden. Sie werden gewaschen, von den Fäden befreit und in kleine Stükke geschnitten. Dann schüttet man sie in eine kräftige – schon vorher fertiggekochte und geklärte – Rindfleischsuppe. Kartoffelwürfelchen und kleingeschnittene Tomaten werden noch hinzugefügt. Dazu paßt ein Strauß kräftiger, aromatischer Kräuter: Bohnenkraut, Liebstöckel, Thymian und etwas Salbei. Die Zutaten sollen langsam in der heißen Suppe garziehen.

Schnibbelbohnen
Bohnen waschen, abziehen und schnibbeln. Kleingehackte Zwiebel in Fett glasig dünsten, Bohnen dazugeben und kurz durchschmoren. Salzen, etwas Wasser angießen, Bohnenkraut hinzufügen und im geschlossenen Topf weichkochen. Vor dem Anrichten mit gehackter Petersilie bestreuen. Variante: Kurz vor der Garzeit zwei geschälte, kleingeschnittene Tomaten oder einen geschälten Kochapfel (am besten eignet sich Boskop) mitschmoren.

Wachsbohnengemüse
Wachsbohnen werden mit Bohnenkraut in Salzwasser gargekocht. Abschütten und eine Tasse von der Gemüsebrühe aufbewahren. Aus Butter und Mehl eine Schwitze bereiten, mit Gemüsewasser und Milch aufgießen

und zu einer sämigen Soße verkochen. Mit Salz, Muskatnuß und einem Teelöffel Essig (oder Zitronensaft) abschmecken und mit einem Eigelb legieren. Die Bohnen darin erwärmen und mit Petersilie bestreut zu Tisch geben.

Frühlings-Erbsen
Die ersten süßen Erbsen haben so viel Eigengeschmack, daß man sie nur vorsichtig in Butter zu dünsten braucht. So, als butterglänzende Kügelchen, schmecken sie am besten. Kalbsschnitzel und Kartoffelpüree sind eine delikate Ergänzung.

Risi e Bisi
Eine kleingehackte Zwiebel in Butter glasig dünsten, Reis hinzugeben und unter Rühren anrösten. Mit Fleischbrühe auffüllen und ca. 15 bis 20 Minuten ausquellen lassen. Den fertigen Reis mit frischgedünsteten Erbsen und geriebenem Parmesankäse vermischen.

Zuckererbsen
Die Schoten abziehen, waschen und in Wasser mit Butter und Salz nicht zu weich kochen. Nach Belieben mit etwas Mehl oder Mondamin binden. Vor dem Anrichten mit gehackter Petersilie bestreuen.

Frische Erbsensuppe
Aus Butter und Mehl eine helle Mehlschwitze bereiten, mit Fleischbrühe aufgießen und durchkochen lassen. Die Erbsen hinzufügen und garkochen. Mit Salz abschmecken und mit gehackter Petersilie bestreut auftragen. Als sättigende Einlage passen Grießklößchen dazu.

7

Nahrung der Pyramidenbauer und Hundertjährigen

Wenn ich im Frühling Steckzwiebeln setze, muß ich mich regelmäßig auf einige Tage Amselkrieg gefaßt machen. Die Schwarzröcke scheinen sich ein diebisches Vergnügen daraus zu machen, die kleinen Zwiebelchen herauszuzupfen und dann achtlos wegzuwerfen. Das Beet sieht am nächsten Morgen aus, als hätten die Vögel nach undurchschaubaren Regeln Murmeln gespielt. Ich verzeihe ihnen diesen Unsinn nur, weil sie am Abend so schön singen.

Beim Herrichten der Beete oder, wenn ich die Zwiebeln in üppige Zöpfe flechte, bin ich immer froh, etwas mehr über dieses Gewächs zu wissen als nur die Regeln des gärtnerischen Anbaus. Es scheint mir so, als sei die Ernte reicher, wenn ich eine Ahnung davon habe, was unter den sieben Häuten in den dikken Bäuchen der Zwiebeln verborgen ist. Das sind zum Beispiel lange haltbare Vitamine, Zucker und schwefelhaltige ätherische Öle, die der Köchin beim Schneiden die Tränen in die Augen treiben.

Seit uralten Zeiten ist diese »beißende« Gemüsefrucht auch als Medizin geachtet und angewandt worden. Zwiebeln haben antiseptische und desinfizierende Eigenschaften. Sie reinigen den Darm, regen die Verdauung an, regulieren den Blutdruck, besänftigen erregte Nerven und wirken krampfstillend bei Husten und Katarrh. Speziell für Gärtner und Gärtnerinnen ist es ganz nützlich zu wissen, daß frischer Zwiebelsaft Bienen- und Insektenstiche lindert.

Zwiebeln, Knoblauch, Brot und Olivenöl gehörten zu den bäuerlichen Grundnahrungsmitteln in vielen Ländern rund um das Mittelmeer. Diese Art der Ernährung muß gesund und kräftigend gewesen sein. Sonst hätten die alten Ägypter wohl kaum Knoblauch und Zwiebeln als Verpflegung für die Sklaven benutzt, die die Cheopspyramide bauten!

Beide Gemüsearten – die goldbraunen oder rötlichen Zwiebeln und die weißen Knoblauchzehen in ihren seidenpapierzarten Häuten –

gehören zur Gattung *Allium* (Lauch). Sie sind in der Großfamilie der Liliengewächse zu Hause. Zu ihrer ausgedehnten Verwandtschaft gehören Tulpen und Madonnenlilien ebenso wie der Drachenbaum und der Spargel. Die Zwiebel stammt wahrscheinlich aus Afghanistan und Persien. Die Heimat des Knoblauchs liegt noch tiefer im Herzen Asiens, möglicherweise in den Kirgisensteppen. Aber auch in China ist »Su-an«, der Knoblauch, seit Jahrtausenden bekannt. Ägyptische Kinder trugen zu Pharaonenzeiten Halsbänder aus Knoblauch, um sich vor Parasiten zu schützen. Die Griechen waren begeisterte Knoblauchesser. Sie nannten ihn – halb realistisch, halb poetisch – »Stinkende Rose«. Odysseus wehrte sich sogar mit magischen Knoblauchrezepten gegen die Zauberkünste der Circe.

Im nördlichen Europa empfahl bereits Karl der Große, Knoblauch in den Kloster- und Bauerngärten anzubauen. Seine gärtnerische, medizinische und kulinarische Tradition reicht ununterbrochen aus dem Altertum bis in unsere Tage. Rezepte aus den Küchen der Balkanländer, Italiens, Frankreichs und Chinas sind ohne Knoblauch undenkbar. Der berühmt-berüchtigte Knoblauchgeruch hat die Genießer aller Zeiten nicht davon abhalten können, dieses unvergleichliche Gewürz immer wieder zu verwenden. Vielleicht trägt unbewußt auch die große medizinische Bedeutung der weißen Knoblauchzehen zu ihrer Beliebtheit bei. Immerhin gibt es in den Balkanländern, wo Knoblauch »zum täglichen Brot« gehört, besonders viele rüstige Uralte. Auch in seiner Heimat, in Zentralasien, werden die Menschen im Durchschnitt älter als irgendwo sonst auf der Erde. Die Zahl der Krebserkrankungen ist dort so niedrig wie nirgends auf der Welt.

Die Inhaltsstoffe der »Stinkenden Rose« werden auch heute noch in der Medizin verwendet. Knoblauch senkt den Blutdruck, reguliert die Darmflora, hilft bei Lebererkrankungen und Störungen der inneren Drüsen und wirkt sich günstig bei Zuckerkranken aus. Er ist ein Antibiotikum und Antiseptikum.

Natürlich möchte der Liebhaber einer delikaten ländlichen Küche mit den Wunderzehen nicht immer Krankenkost in Verbindung bringen. Man sollte die Sache lieber umgekehrt ansehen: Zwiebeln und Knoblauch sind wohlschmeckende Speisen für alle, die gesund und munter bleiben wollen. Essen Sie Zwiebelsuppe mit einem schmunzelnden Seitenblick auf ihren 100. Geburtstag! Wenn man ein gutes Essen und Gesundheit gleichzeitig serviert, dann kann das eine dem anderen ganz gewiß nicht schaden.

Zwiebeln

Nach diesem weltweiten Zwiebel-Ausflug ist es an der Zeit, wieder auf den heimischen Gartenboden zürückzukehren. Zwiebeln wachsen in zweiter Tracht. Die Beete werden im März vorbereitet. Da Zwiebeln

sehr flach wachsen, braucht die Erde nicht tiefgründig gelockert zu werden. Kompost und eine organische Düngergabe genügen für die bescheidenen Ansprüche. Zu viel Stickstoff ist ungesund für Zwiebeln, sie reifen dann schlecht aus.
Am einfachsten ist es, Steckzwiebeln zu setzen. Sie kommen im April in die Erde. Die Reihen müssen 20 bis 25 cm Abstand haben, die Zwiebelchen werden etwa 10 cm auseinandergesetzt.
Beim Kauf des Saatgutes muß man einen wichtigen Unterschied beachten: es gibt Steckzwiebeln und Schalotten. Eine der besten, überall erhältlichen Steckzwiebelsorten heißt »Stuttgarter Riesen«. Es sind etwa haselnußgroße Zwiebelchen, die im Laufe des Sommers zu großen, plattrunden Einzelzwiebeln heranwachsen. Man muß darauf achten, daß die Saatzwiebeln nicht zu groß ausfallen, sonst neigen sie zum Schießen.
Die Schalotten sind im Saatgut wesentlich größer und haben etwa den Umfang einer dicken Walnuß. Sie bilden später auf dem Beet zahlreiche kleinere Nebenzwiebeln. Das Verhältnis ist also proportional genau umgekehrt: Von der kleinen Steckzwiebel erntet man einen einzigen »dicken Brummer« und von der großen Schalotte viele kleine Zwiebelkinder.
Manche Feinschmecker behaupten, daß die Schalotten einen feineren Geschmack haben als die großen Speisezwiebeln. Auch meine Großmutter bevorzugte diese Zwiebelsorte in ihrem Garten und in ihrer Küche. Sie eignet sich auch gut zum Einmachen. Beim Anbraten muß man aufpassen: Schalotten dürfen nicht bräunen, sonst werden sie bitter! Wer eine kleine geriebene Zwiebel für die Salatschüssel braucht, der kommt mit einer Schalotte besser zurecht als mit einer Speisezwiebel, von der man nur ein Stück benutzt. Für manche Gerichte benötigt man aber auch gehackte Zwiebeln in großen Mengen. Zur Zwiebelsuppe zum Beispiel und zum ungarischen Gulasch verwendet man besser große Speisezwiebeln.
Steckzwiebeln und Schalotten sind in jedem, auch im kleinen Garten am einfachsten zu ziehen. Sie werden so flach gepflanzt, daß ein Drittel ihres Bäuchleins über der Erde sichtbar bleibt. In bäuerlichen Gärten habe ich manchmal beobachtet, daß die Schalottenreihen zu kleinen Hügeln aufgehäufelt waren. Die Zwiebeln gediehen dort offensichtlich sehr gut und bildeten ein großes Nest von Nebenzwiebeln. Diese Methode scheint einfach auf Erfahrung zu beruhen. Möglicherweise bewährt sie sich besonders auf schweren Böden, weil durch die leichte Erhöhung für Wasserabzug und luftigen Stand gesorgt ist. Solche Dinge muß man einfach ausprobieren. Man kann keine festen Regeln aufstellen, denn jeder Gärtner und jeder Gartenboden haben ihre Eigenarten und reagieren entsprechend unterschiedlich.
Während des Sommers machen die

Zwiebelbeete fast keine Arbeit. Man hält nur zwischen den Reihen den Boden locker. Dabei muß man allerdings vorsichtig mit einem kleinen Grubber arbeiten, damit die flach ausgebreiteten Wurzeln nicht beschädigt werden. Schon ab Juli sind die Steckzwiebeln erntereif. Die Schwankungen des Sommerwetters und die wechselnden Klimabedingungen der verschiedenen Landschaften machen es aber unmöglich, einen überall gültigen Termin zu nennen. Am besten hält sich der Gärtner an die eigenen Beobachtungen: Wenn die Röhren gelb werden und sich umlegen, ist der richtige Erntezeitpunkt erreicht.

Zwiebeln können aber auch ab Mitte März ausgesät werden. Der Samen wird in sehr flachen Rillen ausgelegt, nur dünn mit Erde bedeckt und fest angeklopft. Er keimt langsam. Je nach Witterung kann es drei bis vier Wochen dauern, bis die Saat aufgegangen ist. Der Abstand der Reihen sollte 20 cm betragen. Wenn die Zwiebeln dann zu dicht stehen, müssen sie vereinzelt werden auf 5 bis 10 cm Abstand, je nachdem, ob man größere oder kleinere Knollen wünscht. Wer gerne schon während des Sommers frische Zwiebelchen in der Küche verwenden möchte, der läßt die Pflänzchen etwas dichter stehen und lichtet sie nach Bedarf aus. So bekommen die Zwiebeln nach und nach den richtigen Abstand, und die Köchin kann inzwischen schon Salate und Quark mit jungen Zwiebelchen und deren Laub würzen.

Saatzwiebeln reifen später als Steckzwiebeln. Sie können gegen Ende August oder Anfang September geerntet werden und sind besonders lange lagerfähig. Es gibt verschiedene Sorten zur Auswahl. »Zittauer gelbe Riesen« sind groß, rund und sehr haltbar. »Braunschweiger Blutrote« haben rotbraune Häute und weißes Fleisch. Die »Weiße Königin« schließlich ist eine kleine frühe Sorte, die sich zum Einmachen oder zum täglichen frischen Verbrauch eignet.

Wer Zwiebelsamen im März dicht und breitwürfig auf ein kleines Extrabeet sät, der bekommt viele kleine Zwiebelchen, die im nächsten Jahr als Steckzwiebeln verwendet werden können.

Außerdem gibt es unter dem variationsreichen Zwiebelvolk noch die Frühlingszwiebeln. In nicht zu rauhen Gegenden sind sie sogar winterhart. Sie werden dann schon im August gesät in Reihen von 20 bis 25 cm Abstand. Da sie nicht so dick werden, braucht man sie nur auf 3 cm zu verziehen. Die weißen Frühlingszwiebeln kann man im nächsten Mai ernten.

Zwiebel-Fans sollten auch noch die sogenannte Winterheckezwiebel in ihre Gartenplanung einbeziehen. Sie ist ausdauernd und winterhart, denn sie stammt aus Sibirien. Ihre Knöllchen sind winzig und kaum der Rede wert. Aber ihre grünen Röhren liefern auch mitten im Winter frische Zwiebelwürze. Die Winterheckezwiebel gehört deshalb eher in eine Ecke des Kräuterbeetes.

Alle Zwiebeln lieben Sonne und leichte Böden. Schwere Lehmböden müssen deshalb mit Torf, Kompost und möglichst auch mit ein paar Eimern voll Sand gelockert werden. Geerntet werden Zwiebeln nur bei gutem Wetter. Man trocknet sie noch einen Tag an der Sonne. Dann werden sie in luftigen Kisten oder zu Zöpfen geflochten aufbewahrt. Der Lagerraum muß kühl und trokken sein. Bei Luftfeuchtigkeit faulen die Zwiebeln, in warmen Räumen treiben sie zu schnell.

Knoblauch

Das Beet für den eigenen Knoblauchanbau wird genauso vorbereitet wie für Zwiebeln. Die äußeren Zehen einer Knoblauchzwiebel steckt man im März in 15 cm Abstand in die Erde. In warmen Gegenden kann man es auch wagen, schon im Herbst auszupflanzen. Der Knoblauch liebt als Kind des Südens und der Steppen viel Sonne und leichte Böden.

Geerntet wird er, wenn das Laub zu vergilben beginnt, Ende Juli bis August. Beim Knoblauch kann man gar nicht anders, man muß ihn einfach zu Zöpfen flechten, weil diese Tradition so hübsch ist. Für die Ernte und die Aufbewahrung gelten die gleichen Regeln wie für Zwiebeln.

Lauch (Porree)

Der Lauch enthält wie die Zwiebeln und der Knoblauch schwefelhaltige ätherische Öle, die eine heilsame und anregende Wirkung auf die Eingeweide haben. Er wächst ebenfalls in zweiter Tracht, liebt aber einen tiefgründigen, nährstoffreichen Boden. Es ist gut, wenn das Lauchbeet schon im Herbst reichlich mit Kompost, organischem Dünger und einer Mulchdecke versorgt wurde. Gesät wird der Lauch im März/April ins Frühbeet oder ab April ins Freiland. Die eigene Anzucht ist kein Problem. Ab Mai werden die Pflanzen dann auf das vorbereitete Beet gesetzt. Wenn man reichlich Abstand läßt, wird das Gemüse später besonders dick und kräftig. 20 bis 30 cm Reihenabstand und 15 cm Zwischenraum zwischen den Setzlingen sind ein guter Maßstab. Lauch wird in tiefe Furchen gesetzt, die man nach und nach – beim Hakken zwischen den Reihen – zuschüttet. Später werden die Pflanzen noch zusätzlich angehäufelt. So bekommt man hohe weiße Schäfte. Damit sie auch dick werden, muß man für reichlich Feuchtigkeit sorgen und noch einmal nachdüngen.

Zwei oder drei Stangen sollte man bis zum nächsten Frühling stehenlassen »für besondere Verwendung«. Denn der dicke Lauch ist auch die Mutter der kleinen weißen Perlzwiebelchen. Wenn der Gemüsegärtner die Pflanze am Blühen hindert, versucht sie sich mit einem der Tricks, die die Natur so zahlreich in Reserve hat, dennoch zu vermehren. Rund um den Fuß der Porreestange bilden sich viele kleine weiße Zwiebeln, die im August geerntet werden können.

Das Lauchgemüse ist in den meisten Gegenden winterhart. Es bleibt also im Freiland und kann bei frostfreiem Wetter jederzeit geerntet werden. So liefert der Porree mitten in der kalten Jahreszeit die Vitamine B_1, B_2 und C frisch in die Küche. Die Köchin sollte sehr sorgfältig darauf achten, diese Kostbarkeiten nicht durch langes Kochen zu zerstören.

Lauch gehört zu den Gemüsen, die ich nie missen möchte. Sein würziger Geschmack verleiht vielen Gerichten Pfiff. Man kann ihn als Gemüse, Suppe, Auflauf und Salat verwenden. Auch in den Sortennamen spiegelt sich der Charakter dieser stämmigen, gesunden Gemüseart. »Elefant« heißt eine altbewährte unübertroffene Sorte, die sich besonders gut für die Herbsternte eignet. Für die Überwinterung im Freiland sollte man die Sorte »Blaugrüner Winter« wählen, eine Verbesserung der alten Sorte »Carentan«.

Gesunde Pflanzen-Nachbarschaft kann für eine gute Ernte von großer Bedeutung sein. Sowohl für Zwiebeln als auch für Knoblauch und Lauch ist die Möhre die beste Gesellschaft. Seit Jahrzehnten säen deshalb Gemüsegärtner, die »mit der Natur« arbeiten, diese Gemüsearten abwechselnd in Reihen auf dasselbe Beet. Sie haben einen guten Einfluß aufeinander. Außerdem wehren sie sich gegenseitig die Möhren- und die Zwiebelfliege ab. Dies ist ein einfacher, vorbeugender Pflanzenschutz.

Wenn durch ungünstige Umstände trotzdem einmal Schädlinge beim Lauch auftreten, schneide ich das Laub soweit wie möglich zurück. Die Pflanze treibt sofort neu durch und ist dann in den meisten Fällen wieder frei von Schmarotzern oder anderen Krankheitszeichen. Diesen Trick verriet mir eines Tages ein alter Bauer. Ich habe ihn anfangs sehr zögernd angewendet. Aber bald merkte ich, daß er auf solider Erfahrung beruhen muß. Er funktioniert ausgezeichnet.

Das ist eines der vielen Beispiele für den Wert der mündlichen Überlieferung. Die Erfahrungen und Naturbeobachtungen von Generationen gingen auf diesem Wege früher von einem zum anderen. Ich selbst zehre noch heute vom Wissen meiner lebens- und gartenerfahrenen Großmutter. Vielleicht springen Bücher heute in die Lücke zwischen den Generationen, um einen Teil des Wissens zu erhalten und weiterzugeben. Dennoch halte ich vom Gespräch über den Gartenzaun im Grunde mehr. Die Begeisterung, die aus den Augen eines erfolgreichen Gärtners blitzt, die Wärme in seiner Stimme und der dicke gesunde Lauch, den er dabei zur Demonstration in der Hand hält, sind viel wirkungsvoller als alle klugen Worte. Solche Bilder bleiben im Gedächtnis. Erfahrungsaustausch ist lebendiger und erfolgreicher als jede Theorie. Deshalb, so meine ich, sollten Gärtner ihr Glück und ihre Ernte nie für sich allein behalten.

Rezepte

Zwiebelsuppe
Ein Pfund große Zwiebeln werden geschält und in Ringe geschnitten. (Am offenen Fenster oder unter dem Dunstabzug fließen keine Tränen!) Sie werden in heißem Pflanzenöl goldgelb angebraten, mit einem Glas herbem Weißwein abgelöscht und noch 10 Minuten auf kleiner Flamme weitergedünstet. Dann füllt man mit heißer Fleischbrühe auf, würzt mit Salz und frischgemahlenem Pfeffer. Zum Schluß wird die Suppe noch einmal mit Wein und eventuell einem Schuß Sherry abgeschmeckt.
Zwiebelsuppe kann man auch mit dünnen gerösteten Weißbrotscheiben belegen und mit geriebenem Käse bestreut in einem heißen Backofen überbacken.

Zwiebel-Quark
Magerer Quark wird mit Milch oder Sahne verrührt. Man würzt ihn dann mit feingewiegten Zwiebeln, etwas Kümmel, Salz und frischem Pfeffer.
Er schmeckt ausgezeichnet zu Vollkornbrot oder Pellkartoffeln.

Zwiebelkuchen
Die Grundlage bildet ein Hefeteig, der ausgerollt und auf ein Kuchenblech gelegt wird. Je nach Größe des Kuchens schält man eine reichliche Portion Zwiebeln, schneidet sie in Streifen und dünstet sie in reinem Pflanzenöl weich. Für ein Pfund Zwiebeln muß man drei Eßlöffel Mehl, zwei Eier und eine halbe Tasse saure Sahne verrühren und unter die Zwiebeln mischen. Gewürzt wird mit Salz und Kümmel. Diese Mischung wird auf den Kuchenteig verteilt, mit Speckstreifen und Butterflocken bestreut und dann im heißen Backofen goldbraun gebacken.
Zwiebelkuchen schmeckt besonders gut zu neuem Wein.

Zwiebeln als Dekoration
Frische Zwiebelringe passen zu Tomaten, grünem Salat, hartgekochten Eiern, Käse und Wurst.

Knoblauchbutter
2 bis 3 Knoblauchzehen werden sehr fein gewiegt oder im Porzellanmörser zerstampft. Dann knetet man sie unter leichtgesalzene Butter.
Ein französisches Weißbrot wird in zwei Zentimeter dicke Scheiben geschnitten, die aber am Rücken miteinander verbunden bleiben. Die Zwischenräume werden mit Knoblauchbutter bestrichen. Dann schiebt man das Brot zu seiner alten Form zusammen, wickelt es in Alufolie und erwärmt es kurz im heißen Backofen.
Frisches Knoblauchbrot ist eine der größten Delikatessen, die es gibt!

Knoblauch zum Salat
Kenner reiben nur die Salatschüssel mit einer frischen Knoblauchzehe aus! Dieser »Hauch von Knoblauch« ist viel delikater als eine große Menge.

Lauchgemüse
Von den Lauchstangen werden die Wurzelböden und der obere harte Teil der grünen Blätter entfernt. Dann schneidet man sie der Länge nach durch und wäscht sie unter fließendem Wasser. Anschließend werden die Stangen in zwei bis drei Zentimeter große Stücke geschnitten, die von selbst auseinanderblättern. Das geputzte Lauchgemüse wird nun in heißer Butter angedünstet und mit wenig Fleischbrühe abgelöscht. Auf kleiner Flamme dünstet man es etwa 10 bis 15 Minuten. Es muß unbedingt knackig bleiben. Gewürzt wird mit Salz, Pfeffer und ein wenig Muskatnuß.

Lauchsuppe
Das Gemüse wird geputzt, in feine Ringe geschnitten und in Butter angedünstet. Dann streut man je nach Suppenmenge ein bis zwei Eßlöffel Mehl darüber und füllt Wasser auf. Die Suppe wird mit Salz und Pfeffer gewürzt und muß etwa eine halbe Stunde auf kleiner Flamme kochen. Vor dem Servieren wird sie mit Muskatblüte und etwas geriebenem Käse abgeschmeckt und mit frischer Sahne legiert.

Bunte Lauchsuppe
Sehr gut und würzig schmeckt eine kräftige klare Rindfleischsuppe mit kleingeschnittenem Lauch, Tomaten, Möhren und Sellerie. Für eine Hauptmahlzeit fügt man noch gutgewürzte Markklößchen und Nudeln hinzu.

8

Eine Familie mit Saft und Kraft

Ein Sommer ohne Gurkenduft wäre halb verschenkt. Seine kühle Frische ist der wunderbarste Gegensatz zu heißen Hundstagen, an denen die Sonne feurig-golden durch den Himmel rollt. Ob als erfrischender Gurkensalat oder als belebende Gurkenscheibchen-Maske auf müder Haut – die grünen Früchte aus der Kürbisfamilie sind in jeder Beziehung eine wohltuende Abwechslung in der warmen Jahreszeit.

Sonne und Wärme sind aber auch das Lebenselement der Gurken, die ursprünglich in Südasien, Ostindien oder Nordindien zu Hause waren. Die Botaniker, die dem Ursprung alter Kulturpflanzen auf der Spur sind, haben sich auf eine eindeutige Urheimat der Gurken noch nicht einigen können. Eine warme asiatische Landschaft war es aber sicher. Und wahrscheinlich ist auch, daß die saftigen grünen Gemüsefrüchte dort schon seit 3000 Jahren angebaut und zu schmackhaften Gerichten verarbeitet wurden.

Ihre Beliebtheit muß groß gewesen sein, denn sie wanderten schon früh in westliche Länder und Gärten. Griechen und Römer, die viel von Delikatessen und abwechslungsreichen Speisezetteln hielten, aßen bereits mit Begeisterung Gurken. Jenseits der Alpen, im kühl-feuchten Mitteleuropa, wurden sie nicht so schnell heimisch. Erst nach dem Mittelalter breiteten sich auch in unseren Gärten immer mehr Gurkenbeete aus.

In den Feinschmeckerküchen des 20. Jahrhunderts sind Gurken nicht nur als erfrischende Abwechslung beliebt, sondern auch als Schlankmacher. Sie gehören zu den kalorienärmsten Gemüsen und sind deshalb ein »Genuß ohne Reue«. Außer großen Mengen Wasser enthalten sie Vitamine und Mineralsalze. Frische Gurken regen die Darm- und Nierentätigkeit an und wirken dadurch entschlackend und entgiftend.

Die saftigen grünen Gurken, deren aromatischer Duft beim Zubereiten die ganze Küche erfüllt, stammen aus einer vitalen Familie. Sie gehören zu den Kürbis-Gewächsen. Ihre

Verwandtschaft besteht aus Zukker- und Wassermelonen, aus Zucchini, Flaschenkürbis, der Zaunrübe und ein paar Verrückten wie der Explodiergurke und der Spritzgurke. Diese lustigen Wildfrüchte schleudern, wenn man sie berührt, ihre Samen mit einem Überraschungsknall weit in die Umgebung. Die Saft- und Kraftprotze der ganzen Familie aber sind die großen gelben Gartenkürbisse. So beliebt, wie sie noch heute als prachtvolle Schaustücke jeder Kleingärtner-Ausstellung sind, so begehrt waren sie schon seit Jahrtausenden in fast allen Kontinenten der Erde.

Auch bei den »gelben Riesen« streiten sich die Gelehrten noch über das Land, wo ihre Wiege stand. Die einen behaupten, schon Vergil und Aristoteles hätten über den Kürbis geschrieben. Nach diesen Quellen stamme er aus Asien oder Afrika. Andere Forscher sind fest davon überzeugt, daß im klassischen Altertum – infolge der ungenauen Pflanzennamen – nicht von echten Kürbissen, sondern nur von Melonen und vor allem von Flaschenkürbissen berichtet wurde. Diese seltsam geformten Früchte, die auch Kalebassen genannt werden, dienten in alten Zeiten als Wasserbehälter. Flaschenkürbisse gab es in China schon im letzten Jahrhundert vor Christus. Sie waren in Asien und Afrika verbreitet, und man fand sie auch sogar in den Inkagräbern der vorkolumbianischen Zeit. Auf dem amerikanischen Kontinent, in Brasilien und Mexiko, soll nach Ansicht einiger Wissenschaftler auch die Heimat der dikken runden Kürbisse sein.

Für die Gärtner und die Riesenfrüchte hatte der Streit der Gelehrten jedoch keine nachteiligen Folgen. Ungeachtet ihrer undurchsichtigen Ahnenreihe wachsen die Kürbisse heute auch in unseren Gärten, als wären sie nie aus der Fremde gekommen. Diese ungestümen Giganten muß man einmal im Garten erlebt haben, um ermessen zu können, welche Wachstumskräfte in manchen Pflanzen verborgen sind.

In den Anfangszeiten meines Gemüsegartens habe ich auch einmal ahnungslos und experimentierlustig Kürbisse ausgesät. Mein fetter, nasser Lehmboden muß ihnen außerordentlich behagt haben. Die Pflanzen waren bald so groß und kräftig, daß sie das ihnen zugedachte Beet ganz bedeckt hatten mit ihren mächtigen behaarten Blättern. Im Laufe des Sommers eroberten sie rücksichtslos den halben Garten für sich und begruben jedes zierlichere Leben unter ihrer grünen Masse. Wenn ich irgendwo einmal ein Blatt abschnitt, dann rann in dicken Tropfen das Wasser heraus, wie aus einem natürlichen Leitungssystem. Die ganze Kürbispflanze enthält ebenso wie ihre gelbe Riesenfrucht eine ungeheure Menge Flüssigkeit in ihrem Inneren. In heißen Ländern ist sie eine Wohltat für alle Durstigen, für Tiere wie Menschen. Aber in unseren meist kleinen Gärten hat dieser vitale Kraftprotz kaum Platz. Es sei denn, man verwendet ihn als Begrü-

ner einer freien Fläche. Diese Aufgabe bewältigt er mit Bravour.
Ich habe mein Kürbis-Experiment nie wiederholt. Aber einige Jahre später wurde ich Zeuge eines fremden Kürbis-Schauspiels, das monatelang sämtliche Anwohner einer stillen Gartenstraße amüsierte oder zum Kopfschütteln veranlaßte. Der Besitzer eines großen Vorgartens hatte – aus Gründen, die ich nie erfuhr – das Stückchen Erde vor der Haustür mit Kürbissen bepflanzt. Jeder, der vorbeikam, konnte beobachten, wie sie »losmarschierten«. Innerhalb weniger Wochen hatten sie über den Vorgarten einen geschlossenen Teppich aus riesigen grünen Blättern gebreitet. Später im Herbst wurden dann überall dazwischen die großen goldenen Kürbiskugeln sichtbar.
Einen originelleren Empfang am Eingang hatte damals wohl kein anderes Haus in der ganzen Gegend zu bieten. Und noch einen Vorteil hatte diese »Bepflanzung« ganz bestimmt: der Vorgartenbesitzer brauchte einen Sommer lang kein Unkraut zu jäten!
Ein »manierliches« Mittelding zwischen Gurken und Kürbissen sind die Zucchini. Sie haben keine so abenteuerlichen Geschichten zu erzählen und machen auch sonst nicht durch besondere Launen auf sich aufmerksam. Dafür sind sie nützliche Gartengefährten und eine besondere Spezialität für die Küche. In Großmutters Garten gab es diese Früchte aus dem Süden noch nicht. Aber ich bin sicher, sie hätte sie ebenso begeistert aufgenommen wie ich, wenn sie damals schon Gelegenheit gehabt hätte, sie kennenzulernen.
Die Ansiedlung der Kürbis-Familienmitglieder auf unseren Gemüsebeeten sieht so aus:

Gurken
Als ehemalige Bewohner subtropischer Regionen brauchen die Gurken einen warmen, windgeschützten Platz im Garten. In unseren »normalen« Sommern, die mehr feuchtkühle als sonnige Tage haben, leiden sie oft sichtbar unter Klimabeschwerden. Obwohl die Gurkensorten, die wir im Handel kaufen können, doch längst von den Züchtern an mitteleuropäische Wetterverhältnisse angepaßt wurden, ist eine gute Ernte stark von der Wärme abhängig. Mit zwei Tricks kann man den Gurken zu warmen Füßen und gesundem Wachstum verhelfen. Im Frühling wird in der Mitte des Beetes ein kleiner Graben ausgehoben, mit Pferdemist gefüllt und wieder zugedeckt. Diese Mistpackung entwickelt Hitze und erwärmt so den Boden. Dadurch wird das Keimen und Wachsen der jungen Gurken vor allem dann beschleunigt, wenn das Mai- und Juniwetter kühl ist. Der Pferdemist war eine Zeitlang rar und »kostbar« geworden. Aber seit an vielen Orten Reitschulen entstehen, bekommt man auch wieder Roßäpfel. Wenn man sie im Auto transportiert, muß man allerdings einige Tage auf Beifahrer verzichten – bis die Luft wieder rein ist.

Der zweite Trick besteht aus technischen Hilfsmitteln. Mit schützenden Gehäusen aus Kunststoff hält man kalte Winde fern und schafft ein künstliches Sommerklima. Gurken unter einem Folientunnel oder im Frühbeet erhalten immer mehr Wärme als ungeschützte Freilandgewächse. Vor allem in rauhen Gegenden ist dies oft die einzige Möglichkeit, diese Südfrüchte erntereif zu bekommen.

In meinem Garten, im milden Klima des Rheinlandes, gedeihen die Gurken aber auch auf einem normalen Gartenbeet. Sie brauchen einen gutgedüngten Boden in erster Tracht. Der eingegrabene Pferdemist gilt nicht als Nährstofflieferant, sondern nur als tief verlegte »Bodenheizung«. Darüber schichte ich über die ganze Länge des Beetes einen flachen Erdhügel auf. Er besteht aus Kompost, vermischt mit organischem Dünger. Dazu eignet sich auch gutverrotteter Stall- oder Kleintiermist. Streng verboten ist jeder frische Mist oder unvergorene Jauche!

Schon Großmutter pflanzte ihre Gurken auf Hügeln. Ich habe diese Tradition übernommen und immer wieder festgestellt, daß diese Anbaumethode den Pflanzen gut bekommt. Erst nach den Eisheiligen werden die großen weißen Samenkörner in die Erde gelegt. Eine Reihe in der Mitte des Beetes genügt. Die jungen Gurkenpflanzen müssen später einen Abstand von mindestens 20 cm untereinander haben. Schon zwei bis drei Wochen vorher säe ich ein paar Samenkörner in Blumentöpfen aus. In meinem Kleingewächshaus oder ganz einfach auf einer warmen Fensterbank keimen sie sehr schnell. Auf diese Weise habe ich dann immer schon ein paar frühe Gurkenpflanzen, die ab 20. Mai ins Freie ausgepflanzt werden können und entsprechend früher tragen. Sie liefern dann im Juli die ersten frischen Gurken für die Küche.

Als ich zum ersten Mal Schlangengurken in einem kleinen Gewächshaus zog, machten sie mir rasch und anschaulich klar, daß sie gar keine »Kriecher«, sondern Kletterpflanzen sind. Sie rankten sich geschickt um jede Stange und jeden Draht, der in ihrer Reichweite zu finden war. Und im Hochsommer wuchsen sie bereits zum Dachfenster hinaus. Jeder, der irgendwo einmal an den großen Treibhäusern der Erwerbsgärtner vorbeifährt, kann natürlich genau die gleiche Beobachtung machen.

Damals überlegte ich mir, daß den Freilandgurken nur recht sein konnte, was den Treibhausgurken billig war. Auch für die Gärtnerin hatte die Methode »Klettermaxe« ihre Vorteile. Warum sollte ich die Früchte mühsam am Boden unter den Blättern suchen, wo sie außerdem nach jedem Regen mit Erde bespritzt waren? Ich bot den Pflanzen ein grobmaschiges, stabiles Eisengitter, wie man es auf Baustellen zur Betonverstärkung verwendet, zum Klettern an. Die Gurken ließen sich nicht lange bitten und rankten sich hinauf und durch die Lücken, als hätten sie heimlich nur auf die Gelegenheit gewartet, sich in die Lüfte zu schwingen. Im Sommer hingen dann die langen grünen Früchte handlich und leicht zu ernten an beiden Seiten des Gestells herunter.

Seitdem bin ich überzeugt, daß dies die eleganteste und natürlichste Art des Gurkenanbaus ist. Die Ränder des Beetes kann man dann gut noch für Salatpflanzen benutzen.

Gurken brauchen von der Aussaat bis zur Ernte gleichmäßige Feuchtigkeit. Die ganze Pflanze ist – ähnlich wie der Kürbis – sehr wasserhaltig. Sie verdunstet an heißen Tagen viel Flüssigkeit. Dann muß man reichlich und durchdringend mit warmem, abgestandenem Wasser gießen. Denn kaltes Wasser ist schädlich und wirkt wie ein Schock. Nie darf man in der heißen Mittagszeit mit Gießkanne oder Schlauch gegen die Trockenheit vorgehen. Jeder Wassertropfen auf den weichen Blättern wirkt dann wie ein Brennglas.

Eine Mulchschicht rund um den Gurkenhügel sorgt für die feuchtwarme Atmosphäre, die diese Pflanzen lieben. Darunter trocknet die Erde auch im Hochsommer nicht so schnell aus, und der Gärtner braucht weniger Gießkannen zu schleppen.

Verkrüppelte und bittere Gurken entstehen meist durch Unregelmäßigkeiten in der Kultur. Wachstumsstockungen sind dann die wenig schmackhafte Folge. Man muß den Früchten Indiens in unseren Gärten schon ein wenig mehr Liebe und Aufmerksamkeit widmen als robusteren einheimischen Gewächsen. Aber dafür entfalten sie dann auch in der Küche ihren frischen Sommerduft und alle ihre delikaten Eigenschaften.

Die unterschiedliche Vorliebe für Salatgurken, für Schmorgurken oder eingelegte Gurken bestimmt die Sortenauswahl für den Garten. »Chinesische Schlangen« sind immer noch die zuverlässigsten, überall angebotenen Salatgurken. Sie tragen schlanke, bis zu 40 cm lange Früchte. Die Sorte »Delikateß« ist besonders vielseitig zu verwenden. Man kann sie in verschiedenen Wachstumsstadien ernten: Als kleine Einmachgürkchen, als zarte Salatgurke, solange sie noch keine Kerne hat, und zuletzt als dicke fleischige Gemüsefrucht. »Delikateß« wächst im ganzen kürzer und gedrungener als die Schlangengurken. Die »Vorgebirgstrauben« schließlich sind eine kleine feste Sorte, die sich vor allem zum Einmachen eignet. Für die Gurkentreiberei in Frühbeetkästen oder in kleinen Treibhäusern werden verschiedene Spezialsorten angeboten.

Wenn man sie richtig pflegt, entwikkeln alle Gurkensorten in unseren Gärten ein wenig von der tropischen Üppigkeit, die immer noch in ihnen steckt – auch wenn sie von ihrer Heimat schon viele Jahrhunderte und Tausende von Kilometern entfernt sind.

Zucchini

Mit den Augen der Köchin betrachtet, sind Zucchini ein Mittelding zwischen Gurken und Kürbissen. Man nennt ihn auch Zucchetti oder Squash-Kürbis. In den Augen der Gärtner ist er ein Kürbis mit länglichen Früchten. Er entwickelt ebenfalls große haarige Blätter, die viel Flüssigkeit enthalten, aber er bildet keine Ranken, die den Garten erobern. Eine Zucchini-Pflanze breitet sich an ihrem angestammten Platz aus und braucht dazu ein bis zwei Quadratmeter Fläche. Eine bis drei Pflanzen genügen für den Bedarf einer mittleren Familie. Eine gute neue Sorte trägt den Namen »Diamant«.

Die wenigen Setzlinge, die man im privaten Gemüsegarten benötigt, kann man leicht in Blumentöpfen auf der Fensterbank vorziehen und dann nach dem 20. Mai ins Freiland pflanzen. Die Zucchini brauchen genau wie die Gurken viel Kompost, gutverrotteten Dünger und reichlich Wasser. Je besser sie mit Humus versorgt werden, desto üppiger wachsen sie. Manche Gärtner raten dazu, sie direkt auf den Kompost zu pflanzen, weil sie dort die nahrhafteste »Grundlage« haben. Das stimmt zwar, aber sie laugen den Kompost auch sehr stark aus. Er ist dann im Herbst für andere Beete nur noch die Hälfte wert. Deshalb pflanze ich den nahrungshungrigen Gemüse-Kürbis lieber an den Fuß des Komposthaufens. Er deckt ihn dann im Sommer mit seinen großen Blättern zu. So erfüllt er als Schattenspender eine nützliche Nebenaufgabe.

Zucchini sind dunkelgrün, mit weißen Streifen gemustert. Sie wachsen länglich und haben ein festeres Fleisch als die Gurken. Besonders schmackhaft sind die jungen Früchte, wenn sie 20 bis 25 cm lang sind. Man kann sie in der Küche mit der Schale verwenden. Sie sind rundherum zart und saftig. Wenige Wochen später schwellen sie schon mächtig an. Mittelgroße Früchte werden am besten der Länge nach aufgeschnitten, entkernt, gefüllt und dann geschmort.

Wenn ein Gemüsegärtner es allerdings wagen sollte, im Hochsommer eine längere Reise zu machen, dann kann er bei der Heimkehr sein grünes Zucchini-Wunder erleben. Ich wurde mit einer solchen Überraschung auch einmal ohne Vorwarnung konfrontiert. Aus den harmlosen gurkenähnlichen Früchten waren riesige Herkules-Keulen geworden. Mehr zum Spaß und aus Neugier habe ich sie aufgeschnitten. Da wurde die zweite Überraschung sichtbar. Die Riesenzucchini waren keineswegs hart oder holzig geworden. Das Fruchtfleisch schimmerte saftig und verlockend. Es war nur nicht mehr elfenbeinweiß, sondern gelblich gefärbt. Das ganze prachtvolle Supergemüse konnte in der Küche verwendet werden.

Zucchini »Diamant«, ein Gemüsekürbis, der leicht wächst und reich trägt.

Die Zucchini sind noch eine relativ neue Erscheinung in unseren Gemüsegärten. Aber sie sind so gesund, vielseitig und delikat, daß sie sicher bald viele Freunde unter den Gärtnern und unter den Köchen finden werden.

Kürbis

Wer genug Platz im Garten hat und sich den goldenen Riesenspaß erlauben möchte, der versuche es einmal mit den richtigen Kürbissen. Für die Anzucht und die Kultur gelten die gleichen Regeln wie für Gurken und Zucchini. Nur braucht der Kürbis von allem noch ein bißchen mehr: soviel Dünger wie möglich, soviel Wasser wie möglich, soviel Platz wie möglich. Auf dem Kompost hat der gefräßige Goliath bestimmt nichts zu suchen!

Unter die runden Früchte sollte man frühzeitig – ehe sie zu schwer sind – ein Brett legen. So sind sie ein wenig vor Feuchtigkeit, Fäulnis und Ungeziefer geschützt. Der Kürbis ist eine Pflanze der Superlative: Er kann an einem einzigen heißen Sommertag 40 Liter Wasser verdunsten. Eine einzige Frucht wird mühelos 80 Pfund schwer. Wenn sie unbeschädigt geerntet wird, hält sie sich wochenlang im Keller frisch. Die bekannteste Sorte nennt man übrigens bezeichnenderweise »Riesen-Zentner«.

Eine Kürbisernte ist beinahe so etwas wie eine symbolische Handlung. Nie werde ich den Anblick vergessen, der sich darbot, als ich eine Schubkarre voll runder Kürbiskugeln auf dem Gartenweg abstellte. Es war, als sei die ganze goldene Fülle des Herbstes darin verkörpert. So rund, so saftig und so leuchtend war das ganze Gemüsegärtnerjahr gewesen. Die Kürbisse bildeten rundherum den Höhepunkt der Erntefreuden. Man mußte die Arme ausbreiten, um den ganzen Segen fassen zu können. Die süßen, honigfarbenen Fruchtkugeln waren Gärtner- und Sinnenfreude zugleich.

Rezepte

Gurkensalat

Junge zarte Salatgurken werden dünn geschält und wenn nötig von den Kernen befreit. Man schneidet sie in dünne Scheiben und gibt sie in eine Marinade, die aus Pflanzenöl, ein wenig Weinessig oder Zitrone, Senf, Salz und einem Hauch Pfeffer angerührt wurde. Zum Gurkensalat gehören unbedingt auch feingewiegte frische Kräuter. Am besten passen zu seinem Aroma Dill, Borretsch, Zitronenmelisse, Schnittlauch und Pimpinelle.

Gurkensalat muß schnell serviert werden, weil er sonst zu viel Saft zieht.

Bunte Schmorgurken

Dicke, fleischige Gurken werden geschält, entkernt und in Würfel geschnitten. Zusammen mit Tomatenachteln, Paprikastreifen, Knoblauch und Zwiebelringen wird das Gemüse in heißem Olivenöl kurz angebraten und mit sehr wenig Wasser oder Fleischbrühe abgelöscht. Dann würzt man mit Salz und Paprika. Ein Sträußchen frischer Gartenkräuter rundet den Geschmack ab. Thymian, Oregano, Salbei und Rosmarin passen gut zu diesem würzigen Sommergemüse. Im geschlossenen Topf muß es auf kleiner Flamme 15 bis 20 Minuten dünsten. Dann wird es sofort heiß serviert – am besten zu körnigem Reis.

Gebratene Zucchini-Scheiben
Junge, etwa 20 cm lange Zucchini werden gewaschen und mit der Schale in dicke Scheiben geschnitten. Man läßt sie eine halbe Stunde in etwas Zitronensaft und feingewiegtem Knoblauch marinieren. Dann werden sie mit etwas Salz und einem Hauch frischem Pfeffer bestreut und in heißem Olivenöl rasch von beiden Seiten angebraten. Sie passen als Zugabe zu vielen leichten Fleischgerichten, zu Reis und auch zu Omletten.

Gefüllte Zucchini
Eine große fleischige Zucchinifrucht wird der Länge nach aufgeschnitten und in der Mitte ausgehöhlt. Man kann sie entweder mit einer gutgewürzten Hackfleischmasse füllen oder mit gekochtem Reis, Tomaten, Zwiebeln und Käse. Die Tomaten-Reis-Mischung wird mit aromatischen Kräutern wie Thymian, Salbei, Oregano und Majoran gewürzt.
Die beiden gefüllten Zucchinihälften werden zum Schluß in Alufolie eingehüllt und im heißen Backofen gargedünstet. Während der letzten 10 Minuten öffnet man die Folie und bestreut die Füllung mit geriebenem Käse und Butterflöckchen.

Eingelegter süß-saurer Kürbis
Kürbis schälen, entkernen und in mundgerechte Stücke teilen. Mit Wein und Essig bedecken und über Nacht stehen lassen. (Auf 1 kg Kürbis 1/2 l Weißwein und 1/4 l Weinessig.) Am nächsten Tag die Kürbisstücke abgießen. 500 g Zucker in die Flüssigkeit geben und mit einem Stück Zimt, etwas Muskatnuß und einigen Pfefferkörnern aufkochen lassen. Den Kürbis hinzufügen, noch einmal aufkochen lassen. Die Kürbiswürfel herausheben und in einen Steinguttopf füllen. Den Saft sirupähnlich einkochen lassen und über das Fruchtfleisch gießen. Nach Erkalten zubinden.

9

Tomaten – ein Geschenk der Azteken

Wer nur gekaufte Tomaten kennt, der hat nie erfahren, wie diese Früchte in Wirklichkeit schmecken. Die unterschiedlichsten Menschen, denen ich zum Abendessen ein paar Tomaten frisch aus meinem Garten servierte, waren sich einig in dem Ausruf des Erstaunens:
»Die schmecken ja ganz anders! Viel würziger und aromatischer, als wir sie sonst kennen.«
Die roten »Paradiesäpfel« sind wirklich ein Paradebeispiel für den Geschmacksunterschied, der zwischen »fabrizierter« Massenware und frischen Früchten aus eigenem Anbau herrschen kann. Die Tomaten vom eigenen Beet haben, wenn sie natürlich aufgezogen wurden und wenn auch die Sonne ein wenig mitgespielt hat, so viel charakteristisches Aroma, daß man sie in der Küche fast nicht mehr zu würzen braucht. Vor allem ihr reicher Gehalt an Zucker und an Zitronen- und Apfelsäure trägt dazu bei.
Das begeisterte Urteil der Feinschmecker wird von zwei wichtigen Zeugen bestätigt: von Kindern und von der Wissenschaft. Kinder, die Tomaten sonst mit Verachtung weit von sich schoben, haben in meinem Garten mit dem größten Vergnügen in die saftigen Früchte gebissen und nach mehr verlangt, weil sie so gut schmeckten. Manchmal stand die Mutter sprachlos und staunend daneben. Der kleine Mensch auf dem Gartenweg hatte ganz unvoreingenommen und spontan das Gute vom weniger Guten unterschieden und die Händchen nach dem ausgestreckt, was »lecker« war.
Die gestrenge Wissenschaft unterstützt in diesem Fall die kindlich-unbewußte Erkenntnis. Der Vitamin-C-Gehalt der Freilandtomaten ist wesentlich höher als der von Gewächshaustomaten. Auch Zukker, organische Säuren und Pektingehalt sind in den Gartenfrüchten reichlicher zu finden. Die Tomaten, die unter Klarsichtfolie säuberlich in Pappkistchen geschichtet in allen

Tomaten aus dem eigenen Garten haben das beste Aroma.

Supermärkten verkauft werden, stammen zum größten Teil aus Glashauskulturen. Hinzu kommt, daß sie nie voll ausgereift gepflückt, sondern schon früher geerntet und verschickt werden. Das ist verständlich, weil reife Früchte sich nicht mehr lange halten und leicht Transportschäden erleiden. Aber dafür muß eine Verringerung der wertvollen Inhaltsstoffe in Kauf genommen werden. Der private Gemüsegärtner hat eben den unschätzbaren Vorteil, daß er die Hand ausstrekken, eine Tomate pflücken und gleich hineinbeißen kann. Er fühlt noch die Sonnenwärme auf ihrer glatten roten Haut, und er schmeckt das unvergleichliche Aroma eines Sommertages dabei auf der Zunge.

Tomaten werden heute fast überall in Europa so reichlich und so selbstverständlich angebaut, daß man das Mißtrauen, mit dem sie noch um die Jahrhundertwende beäugt wurden, kaum begreifen kann. Hollands Treibhäuser ohne Tomaten, Italiens Spaghetti ohne Pomodoro – das ist einfach unvorstellbar! Aber erst seit dem Beginn des 20. Jahrhunderts begann die steile Karriere der roten Kugelfrüchte. Sie eroberten Millionen kleiner Gemüsegärten und lieferten im Großanbau Gemüsemassen für Konservenfabriken und Ketchuphersteller. Tomaten sind in der »Alten Welt« vollkommen eingebürgert und akklimatisiert. Daß sie ursprünglich Früchte der »Neuen Welt«, des amerikanischen Kontinents, waren, darum kümmert sich längst niemand mehr.

Aber der Name »Tomate« ist ebenso wie die aromatische Frucht selbst ein Geschenk der Azteken. »Tumatl« nannte man sie in dem mittelamerikanischen Indianerkönigreich zu der Zeit, als die spanischen Eroberer dort eintrafen. Sie brachten die roten »Äpfel« samt ihrem aztekischen Namen mit nach Spanien. Die Urheimat der Tomate ist aber das Bergland von Peru in Südamerika. Genau wie die Kartoffel – nur in etwas tiefer gelegenen Regionen – wächst sie dort wild. Beide gehören in die Familie der Nachtschattengewächse. Sie sind mit Tabak, Tollkirschen und den berühmt-berüchtigten Alraunenwurzeln ebenso verwandt wie mit den bunten Petunien in unseren sommerlichen Balkonkästen.

Die Tomate kam früh, schon 40 Jahre vor der Kartoffel, im Jahre 1551, nach Italien. Der Pflanzenkenner Matthiolus schrieb noch in der letzten Ausgabe seiner Werke, daß die Früchte eßbar seien. Vielleicht haben die Italiener deshalb schneller zugegriffen und Tomaten früher in ihre Gärten und Küchen übernommen als die Feinschmecker anderer Länder. Im übrigen Europa wurde das Nachtschattengewächs aus Mexiko noch fast 300 Jahre lang als exotische Zierpflanze gehalten und bestaunt. Die Früchte nannte man »Liebesäpfel«, »Paradiesäpfel« oder »Paradeiser«, aber kaum jemand traute sich hineinzubeißen.

Ein wenig von diesem augenfälligen sinnlichen Zauber strahlt die Tomate auch heute noch im nützlichen

»Weltbild« eines Gemüsegartens aus. Mir kommt es im Spätsommer immer so vor, als wären die üppigen Stauden mit den roten Kugeln so etwas wie des Gärtners verfrühter Weihnachtsbaum.
Aus den wilden Früchten der peruanischen Berge sind längst zahlreiche Zuchtformen entstanden, die in fast allen Gegenden Süd- und Mitteleuropas gedeihen. In rauhen Lagen muß man ihnen allerdings mit geschützten Plätzen und Plastikdächern helfen. Tomaten brauchen vor allem ein sonniges, windgeschütztes Beet. Der Boden muß tiefgründig gelockert, humus- und nährstoffreich sein. Im übrigen sind Tomaten – nicht nur in diesem Buch – ein Kapitel für sich. Sie sind die einzigen Pflanzen im ganzen Gemüsegarten, die keinen Fruchtwechsel brauchen. Im Gegenteil: sie wachsen und gedeihen am besten, wenn man sie jedes Jahr wieder auf dasselbe Beet pflanzt! Die Erfahrungen biologischer Gärtner haben sogar erwiesen, daß man vorbeugend gegen Tomatenkrankheiten am besten mit einer Jauche aus Tomatenabfällen (ausgegeizte Triebe, abgefallene Blätter usw.) gießt und spritzt. Sie wirkt gesundend und kräftigend auf die Pflanzen. Die genauen Gründe für diese außergewöhnliche Lebensweise sind noch nicht bekannt. Aber alle Gemüsegärtnererfahrungen sprechen dafür, daß Tomaten sich in ihrem eigenen »Dunstkreis« offenbar am wohlsten fühlen.
Außergewöhnlich ist auch die Lebenskraft der Samen. Sie bleiben ohne weiteres drei bis vier Jahre keimfähig. Die eigene Anzucht ist leicht und problemlos. Nur Wärme, Licht und gleichmäßige Feuchtigkeit sind dazu unbedingt erforderlich. Eine Schale auf der Fensterbank genügt für die Aussaat. Mitte März ist der günstigste Termin. Die Jungpflanzen sprießen schon bald grün und munter durcheinander. Sobald man sie fassen kann, werden sie in Jiffypots oder kleine Blumentöpfe pikiert. Tomaten brauchen in jeder Lebenslage – als Pflanzenkinder und als Erwachsene – reichlich Wasser. Vor allem, wenn sie während der Anzucht warm und sonnig stehen, ist regelmäßiges Gießen wichtig. Dabei muß man aber darauf achten, daß die Pflanzen nicht langbeinig werden und zu schnell in die Höhe schießen. Ideal ist es, wenn man sie Ende April, Anfang Mai noch einmal in mittelgroße Töpfe umpflanzen und anschließend in ein Frühbeet stellen kann. Pflanzen, die vor späten Frösten geschützt, aber im übrigen bereits durch frische Luft abgehärtet werden, wachsen gedrungen und kräftig.
Aber erst nach dem 20. Mai, wenn keine kalten Nächte mehr zu befürchten sind, können die Tomaten auf ihr Stammbeet umziehen. Da dort immer wieder Tomaten gepflanzt werden, die als Starkzehrer den ganzen Sommer lang Nährstoffe in großen Mengen verbrauchen, sollte dieses Beet schon im Herbst sorgfältig bearbeitet und vorbereitet werden. Es muß großzügig mit

Kompost, organischem Dünger und einer Mulchdecke versorgt werden. Gutverrotteter und kompostierter Stalldung eignet sich dazu. Man kann aber auch getrockneten Rindermist, Guano oder Oscorna verwenden. Eine Mischung organischer Düngesubstanzen aus Horn-, Blut- und Knochenmehl (wie sie in Oscorna enthalten ist) ist für die späte Fruchtreife der Tomaten besonders günstig. Dieser Dünger gibt nämlich seine Wirkstoffe langsam über einen längeren Zeitraum hinweg ab. Er ernährt die Pflanzen also auch dann noch, wenn sie für die reiche Fruchtbildung so dringend Nachschub brauchen.

Dennoch ist es gut, die Tomaten während des Sommers noch ein- oder zweimal nachzudüngen. Eine Pflanzenjauche, vermischt mit etwas Guano, wird von ihnen dankbar aufgenommen.

Schon die jungen Tomatenpflanzen werden an einem kräftigen, langen Holzstab festgebunden. Auch Welldrahtstäbe haben sich zu diesem Zweck bewährt. Der Abstand von einer Pflanze zur anderen muß 50 cm betragen. Zwischen den einzelnen Stäben kann man noch Drähte spannen, an denen Seitentriebe wie an einem Spalier festgebunden werden. Aber mehr als zwei bis drei Nebentriebe sollte man auf keinen Fall wachsen lassen. Sie kosten die Pflanze zuviel Kraft. Von Anfang an muß man alle Triebe, die aus den Blattachseln wachsen, regelmäßig herausbrechen.

Je heißer der Sommer ist, desto mehr Wasser brauchen die Tomaten, desto größer sind aber auch die Aussichten auf eine reiche, aromatische Ernte.

Leider haben unsere Sommer meistens alles andere als ein südländisches Flair. Passionierte Tomatengärtner haben sich deshalb in jahrzehntelangen Versuchen einige Tricks ausgedacht, um die mexikanischen Sonnenkinder mit möglichst viel Wärme zu verwöhnen. Tomaten, die vor eine Südwand gepflanzt werden, gedeihen in einem besonders günstigen, geschützten Kleinklima. Ist diese Mauer weiß gestrichen, reflektiert sie jeden Sonnenstrahl und erzeugt zusätzliche Wärme. Die helle Wand wirkt wie eine Heizung.

Eine Art Treibhauseffekt erzielt man mit durchsichtiger Plastikfolie, die über ein Tomatenbeet gespannt wird. Dazu baut man ein Gestell aus Dachlatten. Die Pflanzen genießen dann von oben verstärkte Wärmeeinstrahlung, haben aber seitlich stets Frischluftzirkulation. Dieses Dach bewahrt sie auch in verregneten Sommern vor zuviel Nässe, die leicht die berüchtigte Braunfäule verursacht.

In meinem Garten habe ich wenig Schwierigkeiten mit Tomaten. Das rheinische Klima ist mild, und das Grundstück hat reine Südlage. Deshalb experimentierte ich nicht mehr mit Plastikfolien, sondern probierte eine andere Anbaumethode aus: das Hügelbeet. Zwei Überlegungen brachten mich dazu. Zum einen wußte ich aus Erfahrung, daß To-

maten sehr gut auf Kompost reagieren, und zum anderen wachsen sie um so besser, je tiefer sie mit ihren Wurzeln in nahrhaften Boden vordringen können. Ein Hügelbeet aber ist, so kombinierte ich, im Prinzip eine Art Kompostanlage. Es enthält in der untersten Schicht grobes, lockeres Material aus zerkleinerten Ästen, verholzten Staudenstengeln und groben Pflanzenresten. Dann folgen verschiedene Lagen aus Rasensoden, Grasschnitt, Laub, Torf, Erde und zuletzt Kompost. In diesen Schichten entwickelt sich bei der Verrottung Bodenwärme und ein reges Kleintierleben, das fleißig Humus produziert.
An sich ist die Gärtnerei auf erhöhten Beeten oder flachen Hügeln eine Wissenschaft für sich. Es handelt sich um eine uralte Kulturmethode, die fast in Vergessenheit geriet, aber heute wieder zu Ehren kommt. In China hat die Kunst des Gemüsegartens auf Hügeln eine alte hochentwickelte Tradition. Sie wurde mit allen Raffinessen und vor allem mit viel Erfolg praktiziert. Ich habe meinen Tomatenhügel sicher nicht in solcher gärtnerischen Vollendung angelegt. Man muß den Aufbau der Schichten, die richtige Höhe und die Breite des gewölbten Beetes auch erst einmal aus eigener Erfahrung lernen. Das braucht im Garten seine Zeit. Aber eines stellte ich schon im ersten Jahr fest: Die Tomatenpflanzen, die ich oben auf dem Rücken des Hügelbeetes gesetzt hatte, wuchsen trotz eines naßkalten Sommers sehr kräftig und gesund. Sie trugen große Mengen schwerer, würziger Früchte.
Ich hatte sie allerdings im Mai sehr tief, fast »bis zum Hals« eingegraben, das Pflanzloch dick mit Kompost gepolstert und die Erde ringsum mit Gras gemulcht. Da Tomaten auch am Stamm sofort Wurzeln bilden, wenn man ihnen die Gelegenheit dazu gibt, hatten meine Hügelbeetpflanzen den Vorteil, daß sie sowohl seitlich als auch nach unten in die warme, nahrhafte Tiefe ein üppiges Wurzelnetz ausbreiten konnten. Sie hatten also eine besonders breite »Ernährungsgrundlage« und dankten dies mit reichem Fruchtbehang.
Noch einmal muß ich an dieser Stelle wiederholen: Tomaten sind ein Kapitel für sich. Sie überraschen den Gärtner und Feinschmecker mit einem Sortenreichtum, den man noch vor 10 oder 20 Jahren ins Reich der Fabel verwiesen hätte. Wer fertige Pflanzen beim Gärtner kauft, der wird in den meisten Fällen die gängigen, runden Sorten bekommen. Wer sich aber die kleine, leichte Mühe macht, die Pflanzen selbst zu ziehen, dem steht wahrhaftig das Paradies der »Liebesäpfel« offen. Wo das Klima günstig ist oder wo der Gärtner seinen Tomaten mit den beschriebenen Tricks auf die Sprünge hilft, gedeihen die »knubbeligen« Fleischtomaten des Südens ebenso wie die länglichen »Eiertomaten« und die nur traubengroßen, süßen Spaliertomaten.
Aus den Tomaten, die die Urlauber auf den Märkten Spaniens und Ita-

liens entdecken, können sie beim Abendessen ein paar Samenkörner entfernen, trocknen und als Souvenir mit nach Hause nehmen. Wenn sie im Frühling ausgesät werden, gedeihen sie im nächsten Sommer bereits im eigenen Garten.

Als meine Mutter mir zum ersten Mal Tomatensamen aus den gesegneten Gärten Merans mitbrachte, war ich noch sehr skeptisch, ob sie auch in Deutschland wachsen würden. Aber die italienische Sorte »Ochsenherz« trug bei mir auf Anhieb im ersten Versuchsjahr pfundschwere Früchte, die ihrem Namen alle Ehre machten. Seitdem ziehe ich die unregelmäßig geformten Fleischtomaten aus dem Süden unseren runden, oft hartschaligen Sorten vor. Sie haben ein herzhaftes, unvergleichliches Aroma. Auch die länglichen Tomaten aus Italien wachsen munter auf deutschem Boden. Sie lassen sich besonders gut auf Brote schneiden. Am liebsten von allen aber sind mir die »kleinsten Tomaten der Welt«. Sie wachsen wie Trauben an einer Dolde, werden nicht größer als dicke Brombeeren und schmecken so süß und würzig wie keine andere Tomatensorte. Man kann sie im Vorübergehen in den Mund stecken oder eine kalte Platte mit den roten Kügelchen dekorieren. In manchen Katalogen erhalten sie deshalb den Beinamen »Cocktail-Tomaten«. Sie wachsen bereitwillig auch in Balkonkästen und als kletternde Pflanzen im Kübel. Wenn sie gut gedüngt und gegossen werden, bringen sie fast überall – auch zwischen Himmel und Erde im sechsten Stock – ihre Früchte hervor.

Auch Buschtomaten kann man ohne weiteres in großen Gefäßen als Balkon- oder Terrassenpflanzen ziehen. Bei einem besonders begabten Balkongärtner sah ich einmal in einem geräumigen Eternitgefäß einen »Tomatenbaum« von zwei Meter Höhe. Er hing voller Früchte von unten bis oben in die Spitze. Es handelte sich dabei nicht einmal um eine besondere Sorte. Mit einer gewöhnlichen, beim Gärtner um die Ecke gekauften Tomatenpflanze hatte der Hobbygärtner dieses Kunststück vollbracht. Voraussetzung für solche Delikatessen-Erzeugung auf dem Balkon sind vor allem ein großes Gefäß, in dem sich die Tomatenwurzeln gut ausbreiten können, ein sonniger Platz und regelmäßiges Düngen und Gießen.

Für die eigene Tomatenanzucht eignen sich »Lukullus« und »Vollendung« als runde Sorten. Die »Große rote Fleischtomate« hat ein wenig den »knubbeligen« Charakter der südeuropäischen Tomaten. Sie schmeckt gut als Salat, aber auch zu Suppen und Soßen. Die Buschtomate »Rentita« wächst niedrig und braucht weder festgebunden noch ausgegeizt zu werden. Ihre Früchte sind mittelgroß, rund und würzig. Die Spaliertomate »Gartenfreude« und die daraus gewonnene Züchtung »Freude« hält alles, was ihr Name verspricht. Sie ist Gaumenfreude und Augenschmaus zugleich. Wenn im Herbst die letzten Tomaten nicht mehr ganz rot werden wollen, lege ich die Früchte entweder auf den Küchenschrank oder ich schneide die Zweige ab, binde sie zusammen und hänge sie in einen frostfreien, hellen Kellerraum. Sie reifen dort langsam nach, färben sich rot und können noch im November oder Dezember gegessen werden. Die Qualität der reifen Sommerfrüchte erreichen sie natürlich nie, aber sie sind doch in winterlichen Tagen noch einmal ein letzter Gartengruß – Erinnerung an vergangene Gemüseernten und Hoffnung auf neue lukullische Freuden.

Rezepte

Tomatensalat-Variationen

Schneiden Sie ganz frische, gewaschene Tomaten in Scheiben und beträufeln Sie sie nur mit bestem, kaltgeschlagenem Olivenöl. Der Salat muß sofort serviert werden, ehe er Saft zieht. In dieser einfachen, natürlichen Kombination kommt das Eigenaroma der Tomaten am besten zum Ausdruck.

Man sollte bei frischen reifen Tomaten aus dem Garten auf Essig verzichten, weil die Früchte genügend eigene Fruchtsäure haben.

Variation:

Pflanzenöl, eine Prise Salz und eine Prise frischgemahlener Pfeffer werden zu einer Marinade verrührt. Eine feingewiegte, kleine Schalotte, eine zerdrückte Knoblauchzehe und in Scheiben geschnittene Tomaten werden damit vermengt und frisch serviert.

Variation:

Zitronenmelisse und Basilikum sind die beiden frischen Kräuter, die besonders gut mit Tomaten harmonieren. Man sollte diesen Dreiklang aus feiner Säure, feuriger Würze und vollem Tomatenaroma nicht durch andere Zutaten stören. Tomatenscheiben, Olivenöl und die feingewiegten, ganz frischen Kräuter ergeben einen Salat, der unvergleichlich ist.

Tomatensuppe
In reinem Pflanzenöl werden kleingeschnittene Zwiebeln goldgelb angeröstet. Als nächstes gibt man gehäutete, in Stücke geschnittene Tomaten dazu und läßt sie auf kleiner Flamme 10 Minuten dünsten. Dann füllt man mit Wasser oder leichter Fleischbrühe auf. Gewürzt wird mit Salz, einer Prise Zucker und Paprika. Zum Schluß wird die fertige Suppe durch ein Sieb gestrichen und mit frischer Sahne verfeinert.

Variation:
Die Tomaten werden nur in Öl gedünstet. Man würzt sie mit zerdrücktem Knoblauch, Rosmarin, Salz, Zucker und Paprika. Auch diese Suppe wird mit Wasser oder Fleischbrühe aufgefüllt und zum Schluß durch ein Sieb gestrichen.

Gedünstete Gemüsetomaten
Große, feste Früchte werden kurz in heißes Wasser getaucht und anschließend gehäutet. Sie werden sehr vorsichtig im ganzen in einem geschlossenen Topf auf kleiner Flamme in Olivenöl und wenig Wasser weich gedünstet. Mit etwas Salz und Majoran (nach Geschmack auch Thymian und Oregano) gewürzt schmekken sie hervorragend als Beilage zu Schweinefleisch, Hammel und Reis.

Zu allen warmen Tomatengerichten passen – im Gegensatz zum Salat – die kräftigen Gewürzkräuter Majoran, Thymian, Oregano, Salbei und Rosmarin. Man kann sie frisch oder getrocknet verwenden.

Überbackene Tomatenschnitten
Weißbrotscheiben werden ganz kurz getoastet. Nach den Erkalten bestreicht man sie mit Knoblauchbutter, legt eine dünne Scheibe rohen Schinken, zwei Salbeiblätter, Tomatenscheiben und Käse darüber. Die Brote werden im heißen Backofen überbacken, bis der Käse verläuft. Sie müssen heiß serviert werden.
Man kann statt Weißbrotscheiben auch halbe Brötchen verwenden.

Variation:
Die Salbeiblätter weglassen und statt dessen die Tomaten mit kleingehackten Oliven bestreuen.

Tomaten mit Schafskäse
Reife Tomaten waschen, halbieren und mit der Schnittfläche nach oben in eine feuerfeste Form legen. Schafskäse um die Tomaten verteilen, mit Salz, Pfeffer, gehacktem Knoblauch und Oregano würzen. Olivenöl darüber träufeln und im vorgeheizten Backofen garen. Zum Schluß unter dem Grill bräunen lassen.

10

Grünspargel – mehr Vitamine, weniger Arbeit

Die Worte »frischer Spargel« lassen Tausenden von Feinschmeckern das Wasser im Munde zusammenlaufen. Für viele von ihnen sind die duftenden weißen Stangen der Inbegriff eines Delikateß-Gemüses. Die Spargelzeit bedeutet für solche Genießer ein wochenlanges Fest. Spargelliebhaber bewegen sich auf dem geheiligten Boden uralter Speisegewohnheiten. Asparagus, das vornehme Gemüse aus der Gattung der Liliengewächse, war schon um 200 v. Chr. bei Griechen und Römern beliebt. Wahrscheinlich liegt seine Heimat in den orientalischen Mittelmeerländern. Aber schon früh drang die schlanke Delikatesse über die Alpen in mitteleuropäische Gärten vor.

Römische Legionäre brachten den ersten Spargel ins Rheinland. Im Mittelalter wurde er weniger in der Küche als in der Medizin geschätzt. Spargelwein »wider den Steyn der Niere und Blase« empfahl der bekannte Heilkundige Tabernaemontanus. Spargelgemüse taucht zum ersten Mal wieder in den Akten des französischen Klosters Amé auf. Man schrieb das Jahr 1469, und der Spargel war damals nicht weiß, sondern grün! Denn diese Form des Anbaus war die naheliegende und natürliche. Erst Ludwig der Sonnenkönig ließ den Spargel anhäufeln und vornehm bleichen – und jeder kleine Gemüsekönig machte es ihm von da an nach. 1568 kam das »Franzosengemüse« auf Umwegen wieder nach Deutschland und wurde in der Gegend von Stuttgart erstmals angebaut.

Auch die Spargelgeschmäcker scheinen sich im Laufe der Jahrhunderte öfter gewandelt zu haben. Als man Julius Cäsar bei einem Aufenthalt in Mailand als besondere Köstlichkeit frischen Spargel mit Buttersoße servierte, da wies der rauhe Feldherr die »Pomadentunke« naserümpfend zurück. Einem Feinschmecker unserer Tage mag das rüde vorkommen, denn ebendiese schlichte Kombination gilt heute als der Gipfel aller kulinarischen Spargelfreuden. So ändern sich die Gärtner- und Eßgewohnheiten!

In den letzten Jahren hat es wieder eine kleine Gegenrevolution im Reich der Spezialitätenesser und der dazugehörigen Anbauer gegeben. Neben den fleischigen, künstlich gebleichten Stangen des königlichen Luxusgemüses ist der alte Grünspargel neu entdeckt worden und findet immer mehr begeisterte Liebhaber.

Für Freizeitgärtner auf kleinem Gartenraum war das eigene Spargelbeet bisher eine sehr mühevolle Angelegenheit. Wer nicht in einer gesegneten Gegend mit humosem Sandboden wohnte, der mußte metertief Erdarbeiten ausführen und viele Schubkarren voll Sand heranschaffen, um den anspruchsvollen Spargelpflanzen ein »weiches Bett« herzurichten. Hinzu kommen das Anhäufeln der Hügel, in denen die Triebe bleichen, das mühsame Stechen und die Einhaltung ganz bestimmter Zeiten für die Ernte. Für viele Gartenfreunde und Feinschmecker blieb der Spargel frisch aus dem Garten deshalb ein unerfüllter Traum.

Für den neuen Grünspargel eröffnet sich hier im wahrsten Sinn des Wortes ein weites Feld. Für die meisten von uns ist die Tatsache, daß diese kulinarische Kostbarkeit auch grün aussehen könnte, noch eine sehr ungewohnte Vorstellung. Unbewußt – durch eine jahrhundertelange Gewohnheiten geprägt – verbinden wir mit der edlen Elfenbeinfarbe auch den Begriff der Qualität. Spargel mit blauen Köpfen ist schon minderwertig, grüner Spargel kann demnach nur so etwas wie 3. Wahl sein. Aber wer einmal grünen Spargel aß, der ist schnell von diesem Vorurteil geheilt.

In Amerika, Kanada, Australien und England ist er übrigens schon lange bekannt und beliebt. Sein Geschmack ist wegen des höheren Chlorophyllgehaltes kräftiger und würziger als der seines vornehmen weißen Bruders. Das typische und unvergleichliche Spargelaroma ist aber auch in den grünen Stangen verborgen. Sie enthalten sogar mehr Vitamine und Spurenelemente als das gebleichte Gemüse. Kalium, Kalzium, Phosphor, Eisen, Provitamin A und Vitamin C sind in großen Mengen vorhanden. Sie bleiben auch bei der Zubereitung weitgehend erhalten, weil Grünspargel eine extrem kurze Kochzeit von nur 10 bis 15 Minuten benötigt und weil er nur wenig am unteren Ende geschält werden muß. Die meisten Vitamine befinden sich aber in der Schale. Das neue Delikateßgemüse wird auch, im Gegensatz zum Bleichspargel, weder holzig noch bitter. Die Köchin hat bei der Zubereitung weniger Abfall und weniger Arbeit.

Den größten Vorteil aber haben wir Freizeitgärtner, denn der Anbau des Grünspargels ist viel einfacher als der der weißen Luxusausgabe. Er ist so etwas wie der Spargel für jedermann.

Der grüne Spargel gedeiht in fast jedem Gartenboden. Nur tiefen Schatten und stauende Nässe verträgt er nicht. Am besten wächst er

auf einem warmen, sonnigen Beet, in lockerem, durchlässigem Boden. Schwere Böden müssen vor der Pflanzung mit Sand und Torf aufgelockert werden. In biologisch bearbeiteten Böden finden die Pflanzen immer gute Voraussetzungen. Durch dauernde konsequente Versorgung mit Kompost und durch Bodenbedeckung hat die Erde genau die tiefgründig humose Beschaffenheit, die der grüne Spargel zum guten Gedeihen braucht.
Einer der Pioniere auf dem Felde des Grünspargels in Deutschland ist der Gärtner Helmut Steiner vom Niederrhein. Unermüdlich erprobte er verschiedene Sorten, testete ihre Qualität in unserem Klima und in seinen Kochtöpfen. In seinen Grünspargelkulturen ließ ich mir vom Fachmann selbst zeigen, wie man die grüne Delikatesse pflanzt und erntet. Seine Ratschläge beruhen auf jahrelanger Erfahrung.
Spargeljungpflanzen werden als fleischige Rhizome (Wurzelstöcke) geliefert. Die beste Pflanzzeit ist der Frühling, etwa ab Ende März. Ein gewöhnliches flaches Gemüsebeet eignet sich dazu. Es sollte aber schon im vorangegangenen Herbst tief gelockert und kräftig gedüngt worden sein. In biologischen Gärten ist das, wie gesagt, kein Problem. Bodenlockerung mit der Grabgabel, reichliche Kompostversorgung, organischer Dünger und eine dicke Mulchdecke über Winter sind dort meist ausreichend als Vorbereitung. Für andere Gärten empfiehlt der Grünspargelspezialist tiefes Umgraben und Düngung mit kombinierten Mineralsalzen oder Thomasphosphat und Düngekalk. Denn Grünspargel braucht kalkhaltigen Boden (pH 6,5–7) und viel Kali und Stickstoff.
Vor der Pflanzung wird auf dem vorbereiteten Beet ein 40 cm breiter Graben 25 cm tief ausgehoben. In Abständen von etwa 40 cm häuft man kleine Komposthügel auf. Darauf werden die Spargelwurzeln sorgfältig ausgebreitet, ähnlich wie bei der Pflanzung von Steppenlilien. Dann deckt man sie mit dem ausgehobenen Humus – am besten noch einmal mit Kompost und Torf vermischt – vorsichtig zu. Die Wurzelköpfe sollen zum Schluß etwa 15 cm tief unter der Erdoberfläche liegen. Der Reihenabstand beträgt bei der praktischen Pflanzung in einer Doppelreihe 50 cm, bis zur nächsten Doppelreihe aber 1,5 m.
Nach der Pflanzung wird tüchtig angegossen, und dann darf der Grünspargel im ersten Jahr einfach wachsen. Weil die Wurzeln sich weit und relativ flach ausbreiten, muß man mit dem Unkrauthacken zwischen den Reihen sehr vorsichtig sein. Im Juni soll noch einmal eine Kopfdüngung gegeben werden.
Auch im zweiten Kulturjahr wird das Spargelbeet vor allem gut gedüngt, gewässert und lockergehalten. Im November schneidet man das Spargellaub ab. Das dritte Jahr bringt denn endlich die erste, langersehnte Ernte. Von Mai bis zum 1. Juni dürfen die Feinschmecker-Gärtner zugreifen. Die grünen

Spargelstangen sollen 20 cm lang sein, dann werden sie einfach über dem Boden abgeschnitten. Sie wachsen ganz unkompliziert senkrecht aus dem flachen Beet heraus. Es schadet dem Wohlgeschmack nicht, wenn einzelne Stangen etwas dünner ausfallen oder wenn durch Witterungseinflüsse die Köpfe sich schon locker öffnen. Bei kühlem Wetter wachsen nur wenige Pflanzen nach. Später Frost richtet in der Regel kaum Schaden an.

Bei warmem Maiwetter aber und nach einem Gewitterregen sprießen die grünen Spargelstangen wie die Orgelpfeifen.

Wer es nicht abwarten kann, bis der erste Spargel endlich duftend auf dem Tisch steht, der kann das Spargelbeet auch ab Anfang April mit Plastikfolie überspannen. Wenn die Triebspitzen darunter 10 cm hoch aus dem Boden gewachsen sind, wird die schützende Haube abgenommen. Die Ernte läßt sich durch diesen Trick um 14 Tage verfrühen. Ein Folientunnel empfiehlt sich aber nicht nur den ungeduldigen Feinschmeckern, sondern auch den Gartenbesitzern, deren grünes Reich im Frühling allgemein unter kühlem Klima zu leiden hat – in Gegenden also, in denen der Mai den Liebespaaren noch nicht hold ist.

Vom vierten Kulturjahr an darf nach alter Spargelregel bis Ende Juni – nämlich bis Johanni – geerntet werden. Insgesamt bringt die Pflanzung 10 bis 15 Jahre lang zufriedenstellende Erträge. Die ersten 6 Erntejahre sind aber die besten.

Nach dem letzten Schnitt, etwa Anfang Juli, wird das Spargelbeet noch einmal kräftig gedüngt, denn nun entwickeln die Pflanzen große Mengen grünes Laub. Die zierlichen Blattwedel des Spargelkrautes sind allgemein als charmante Ergänzung zu Blumensträußen bekannt. Das brachte den findigen Gärtner Helmut Steiner auf eine Idee, die ich ebenso ausgefallen wie hübsch finde. Er schlägt vor, ein Spargelbeet am Zaun entlang anzulegen. Dadurch spart man den im Gemüsegarten oft genug kostbaren Platz und bekommt im Sommer eine dichte, mannshohe Hecke mitgeliefert, die zur Straße oder zum Nachbarn hin für zartgrünen Sichtschutz sorgt. So läßt sich auf beinahe geniale Weise das Angenehme mit dem Nützlichen verbinden: Grünspargel als Feinschmeckergemüse und Spargelgrün als attraktiver Blickfang am Zaun.

Bei vielen Grünspargelangeboten, die inzwischen überall im Handel auftauchen und begeistert angepriesen werden, handelt es sich um »Steiners Grünspargel«. Dies ist in jedem Fall auch ein Qualitätszeichen. Der Gärtner Steiner selbst empfiehlt in seinem Direktversand besonders die neue Sorte »Spaganiva«.

Als echter Grünspargel-Fan hat er sich aber nicht nur mit der gärtnerischen Anzucht, sondern auch mit der kulinarischen Verwertung seines Lieblingsgemüses beschäftigt. Aus jahrelanger Erfahrung empfiehlt er zum Beispiel bei einer reichen Ernte, die nicht an einem Tag verwertet werden kann, die gewaschenen Stangen in Plastiktüten zu stecken und aufrecht im Kühlschrank aufzustellen. So hält er sich bis zu einer Woche frisch. Grünspargel läßt sich auch gut einfrieren. Er wird ganz frisch – nicht blanchiert! – in Gefrierbeutel verpackt und möglichst schnell gefroren. Nach meinen Erfahrungen braucht tiefgekühlter Grünspargel eine noch kürzere Kochzeit als das frische Gemüse.

Am besten und aromatischsten aber schmeckt die grüne Delikatesse, wenn sie taufrisch geerntet und am selben Tag zubereitet wird. Das ist ja auch der Sinn eines Feinschmekker-Gemüsegärtchens: frisch auf den Tisch! Der Grünspargel darf nur ganz kurz und sachte 10 bis 15 Minuten mit wenig Wasser gedünstet werden. Ich finde, man sollte ihn eher zwei Minuten zu früh als zwei Minuten zu spät herausheben. Die Köpfe müssen fest bleiben. Sobald sie weich und schlapp aussehen, ist der Höhepunkt des Wohlgeschmacks bereits überschritten.

Hier noch ein Tip zum Spargelkochen: Bündeln Sie die geschälten Stangen mit einem Faden und legen Sie das Bündel auf ein Bett, das Sie im Topf aus Schalen und abgeschnittenen Enden bereiten. Füllen Sie nur so viel Wasser ein, daß das Bündel trocken liegt. Es wird nun im Dampf gegart, und zwar in Spargeldampf, der aus den Abfällen aufsteigt. Der Spargel wird nach dieser Methode besonders aromatisch.

Hier sind die reizvollsten Menüvariationen zum Thema Grünspargel à la Steiner:

Grünspargel-Rezepte

Grüner Spargel mit Butter

Auch der grüne Spargel schmeckt – genau wie die vornehme weiße Konkurrenz – am besten mit frischer warmer Butter. Dazu werden die Spargelstangen gewaschen, nur im unteren Drittel vorsichtig geschält und dann in Salzwasser oder auf dem vorher beschriebenen Schalenbett 10 bis 15 Minuten gekocht. Man kann die Spargelstangen auch mit einem Baumwollfaden zusammenbinden, ehe man sie in den Kochtopf gibt. Der grüne Spargel wird auf einer heißen Platte serviert zusammen mit warmer Butter, mit frischen Kartoffeln und gekochtem Schinken.

Grünspargel kalt mit Vinaigrette-Soße

Der Grünspargel wird wie üblich vorbereitet und in Salzwasser gargedünstet. Dann nimmt man ihn vorsichtig heraus und läßt ihn abkühlen. Aus Pflanzenöl, etwas frischem Zitronensaft oder Weinessig, etwas Salz und Pfeffer wird eine Marinade angerührt, in die man feingeschnittene Kräuter gibt (Dill, Zitronenmelisse, Estragon und ein wenig Petersilie). Als letztes wird ein hartgekochtes, kleingeschnittenes Ei daruntergemischt. Diese Soße gießt man über den grünen Spargel. So angerichtet paßt er gut zu kalten Abendbrotplatten.

Grünspargel auf Toast

Grünspargel wird gewaschen, im unteren Drittel geschält und in leichtem Salzwasser höchstens 10 Minuten gedünstet. Dann nimmt man ihn heraus und legt ihn auf ein Sieb. In der Zwischenzeit belegt man Toastscheiben mit Butter und Schinken. (Man kann dazu sowohl rohen als auch gekochten Schinken verwenden.) Auf jede Scheibe bettet man mehrere Stangen Grünspargel und deckt sie mit einer Käsescheibe zu. Der Toast wird im heißen Grill kurz überbacken, bis der Käse auseinanderzulaufen beginnt. Er muß heiß und frisch serviert werden.

11

Kartoffeln – eine Delikatesse

Das Bild der Kartoffeln, die braun, sanft gerundet und noch ein wenig nach Erde duftend im Herbst in großen Körben ins Haus getragen werden, gehört zu meinen ältesten Gartenerinnerungen. Großmutters Zuneigung zu den nahrhaften Erdäpfeln blieb mir unvergeßlich.

Später, in Kriegszeiten, gab es auch in Mutters Gemüsegarten ein großes Kartoffelstück. Mit Kartoffeln konnte man zur Not überleben. Auch das prägte sich ein. Noch ein wenig später – als wieder Frieden war, aber immer noch Hunger herrschte – liefen wir Kinder mit nackten Füßen über die Kartoffeläcker der Bauern und sammelten die kleinen braunen Knollen, die von der großen Ernte übriggeblieben waren. Nach ein paar Jahren gab es dann von allem wieder genug und auch Kartoffeln in Massen. Bald waren sie nichts Besonderes mehr. Sie galten sogar als Arme-Leute-Essen. In diesem Ruf hatten sie schon öfter gestanden im Laufe ihrer langen wechselvollen Geschichte. So mancher arme irische Bauer und so mancher Tagelöhner aus dem Erzgebirge verdankte es den Kartoffeln, wenn er nicht buchstäblich verhungerte. Aber ehe sie auf solche Weise zur Wohltäterin karger Landstriche wurden, legten die Kartoffeln eine lange Irrfahrt zurück.

Wie ihre rote Schwester, die Tomate, wurde auch das Nachtschattengewächs Kartoffel von den Spaniern in Südamerika entdeckt. Ihre Heimat waren die Hochanden von Bolivien bis Chile. Die Indianer bauten sie auf ihren Feldern schon zu den Zeiten der großen Inkas an. Es gibt sogar schon Kartoffelzeugnisse aus der noch älteren Epoche der Chimu-Kultur. Die Geschichte ihres Anbaues ist also mindestens 2000 Jahre alt.

Im Jahre 1565 kamen die ersten Erdäpfel ins alte Europa. Es dauerte aber eine gute Weile, bis man hier begriff, daß nicht die oberirdischen Beeren, sondern die unregelmäßig geformten Knollen im Boden die eßbaren Früchte dieser fremden Pflanze waren. Einfache Bauern verbanden mit diesem Gewächs, das verborgen im Dunkel der Erde gedieh, abergläubische Vorstellungen und magischen Zauber. Nur mit List oder Gewalt waren sie dazu zu bewegen, diese Frucht auf ihren guten Feldern anzubauen.

Friedrich Wilhelm I. von Preußen drohte, allen Untertanen, die sich weigerten, Kartoffeln zu pflanzen, Nasen und Ohren abschneiden zu lassen. Fast so rigoros sorgte auch sein Sohn Friedrich II. dafür, daß die Felder mit den nahrhaften Früchten bestellt wurden. Er ließ Saatkartoffeln kostenlos verteilen und schickte gleichzeitig seine Dragoner aufs Land, die darauf achteten, daß des Königs Anordnung befolgt wurde.

In Frankreich versuchte es dagegen ein gewitzter Apotheker namens Parmentier mit einer List. Von Ludwig XVI. erbat er sich die Erlaubnis, ein sandiges Feld vor den Toren von Paris mit Kartoffeln bepflanzen zu dürfen. Tagsüber ließ er den Akker auffällig von Soldaten bewachen, nachts zogen die Wachen jedoch ab. So konnten die Bauern der Umgebung, die längst aufmerksam geworden waren, ungestört Kartoffeln stehlen und anschließend selber heimlich anbauen. Die überlisteten Landwirte taten aus Neugier genau das, wozu man sie mit guten Worten nie hätte überreden können.

Die Königin Marie-Antoinette steckte sich damals begeistert eine Kartoffelblüte ins Haar, und der König tat den historischen Ausspruch:

»Frankreich wird Euch eines Tages dankbar dafür sein, daß Ihr Brot für die Armen gefunden habt.«

Beides traf ein. Das »Brot für die Armen« eroberte ganz Europa und wanderte sogar von dort zurück über den Ozean. 1719 brachten schottische und irische Einwanderer Saatkartoffeln mit nach Nordamerika, wo diese bis dahin unbekannt waren. Die Franzosen aber setzten Monsieur Parmentier ein Denkmal besonderer, kulinarischer Art: sie nennen noch heute besonders delikate Kartoffelgerichte »à la Parmentier«.

Die Geschichte der braunen Erdäpfel ist so abenteuerlich und schillernd, daß es Spaß macht, in Gedanken einen Ausflug in die Vergangenheit zu machen, während man Pellkartoffeln schält oder die Knollen sorgsam in die Saatfurchen legt. Wieviel mußte doch in der großen Weltgeschichte in Bewegung geraten, bis die Nachtschattengewächse Kartoffel und Tomate Einlaß in unsere Gärten fanden!

Als ich zum ersten Mal selber Kartoffeln in den Boden legte, war mir beinahe feierlich zumute – so als würde ich sie in den Schoß der uralten Mutter Erde betten. Bei keiner anderen Gartenfrucht hat man das Gefühl, beim Pflanzen den Fruchtbarkeits-Mysterien vergangener Zeiten so nahe zu sein. Großmutter lebte damals schon lange nicht mehr. Aber vielleicht saß sie still auf einer Wolke und lächelte. Ich entschloß mich zum Anbau im eigenen Garten, weil die gekauften Kartoffeln so wäßrig waren und so miserabel schmeckten, daß ich es einfach wissen wollte: Welches Aroma haben sie, wenn sie frisch aus der eigenen Erde kommen? Sicher war ich auch ein wenig auf der Suche nach dem Geschmack der Kindheit.

Aber viele Hausfrauen waren genauso unzufrieden mit der gekauften Massenware wie ich. Die Kartoffeln hatten ganz offensichtlich an Quantität zugenommen, aber an Qualität verloren. Deshalb gab ich meinem Frühkartoffelsaatgut nur Kompost und Hornmehl als Starthilfe in ein gesundes Leben mit. Dann harrte ich der Dinge, die da kommen würden.

Und wie sie kamen! Dicke, feste, duftende Knollen grub ich im Sommer aus. Die gekochten Kartoffeln brachen auf wie Marzipan. Sie hatten einen unbeschreiblich guten Eigengeschmack. Nur mit einem Stückchen frischer Butter verspeist, waren sie eine echte Delikatesse. Ich war glücklich, obwohl mir der Rücken schmerzte, denn mein schwerer Lehm gab den Segen nur unter Mühen frei. Aber es schmeckte wieder wie damals bei Großmutter!

Meine späteren Kartoffelerfahrungen machten vor allem deutlich, daß leider auch das allgemein käufliche Saatgut meist von schlechter Qualität war. Ich ging dazu über, nur noch Saatkartoffeln von einem biologischen Bauernhof zu verwenden. Sie brachten wesentlich bessere Ernten. Der Unterschied war so auffallend, daß auch mein Nachbar, der ein alter Gartenhase ist und seit über 40 Jahren Kartoffeln anbaut, dazu »bekehrt« wurde. Auch er erkannte bei einer Probe den Geschmack »der guten alten Zeit« wieder, und seitdem besorgen wir unser Saatgut gemeinsam.

Viele Jahre nach meiner ersten eigenen Kartoffelpflanzung hatte ich beruflich mit Deutschlands größtem Experten auf diesem Gebiet zu tun. Dr. Hans Siebeneick widmet schon 50 Jahre lang einen großen Teil seiner Freizeit der Kartoffelforschung. 750 Kartoffelsorten aus aller Welt baute er in seinem Garten an. Außerdem ist er ein Feinschmecker, dem die Erdäpfel auf der Zunge zergehen müssen, ehe sie Gnade vor seinen Augen finden. Es war mir eine freudige Genugtuung, von einem solchen Fachmann zu erfahren, daß auch er Kompost für die allerbeste Kartoffeldüngung hält.

In den letzten Jahren erlebten wir so etwas wie eine Kartoffel-Renaissance. Die Achtung vor den braunen Erdäpfeln stieg im gleichen Verhältnis wieder an wie ihre Preise. Denn ganz plötzlich war die große Schwemme vorbei. Frühkartoffeln kamen nur in kleinen Mengen auf den Markt und wurden zu Preisen gehandelt, die exquisiten Delikatessen alle Ehre gemacht hätten. Über die Gründe wollen wir hier nicht streiten, ganz sicher aber spielten die Fehler, die in riesigen Monokulturen gemacht wurden, dabei eine Rolle.

Die jüngste Kartoffelgeschichte blieb für Freizeitgärtner und Feinschmecker nicht ohne Folgen. Der schlechte Geschmack der käuflichen Knollen hatte die Sehnsucht nach wohlschmeckenden Früchten geweckt, so wie viele sie noch »von früher« in Erinnerung hatten. Die hohen Preise schließlich veranlaßten die Gärtner, wieder ein Stück Gemüseland für den eigenen Kartoffelanbau zu »opfern«. Die Erdäpfel aus dem Indianerland kommen wieder zu Ehren. Sie werden auch in den Küchen nicht mehr nur als gewöhnliche Zutat betrachtet, die oft genug lieblos in salzigem Wasser zerkocht wurde.

Wohlschmeckende Kartoffeln, frisch aus der Erde gebuddelt, werden wieder in Delikateßgerichte verwandelt!

Ehe wir nun aus Begeisterung im siebenten Kartoffelhimmel landen, wollen wir auf die gute Gartenerde zurückkehren, wo alle kulinarischen Wunder ihren Anfang nehmen. Kartoffeln wachsen überall, in sandigen und in lehmigen Böden. Die wichtigste Voraussetzung für eine erfolgreiche Kultur ist die Bodenbearbeitung. Die Pflanzen verlangen lockeres, krümeliges, gut durchlüftetes und humusreiches Land. Am besten trennt man vom übrigen Garten ein kleines Feld ab, denn für diese Früchte reicht die sonst übliche Beeteinteilung nicht aus. Wer seinen »Kartoffelacker« im Herbst locker durchhackt, von Unkraut säubert und ihn mit Kompost, organischem Dünger und einer Mulchdecke versorgt, der hat im Frühling kaum noch Arbeit. Man kann aber die Sache auch umgekehrt sehen: Die nützlichen Erdäpfel unterdrükken während der Wachstumszeit das Unkraut und hinterlassen dem Gärtner immer ein lockeres Beet, auf dem sich leicht Nachkulturen ziehen lassen.

Für einen kleinen Garten lohnt sich der Anbau von Frühkartoffeln am meisten. Sie werden geerntet, wenn die Kartoffeln im Handel noch besonders rar und teuer sind, sie schmecken delikat, und man kann das Beet noch für eine Nachfrucht nützen. Die gängigste Frühkartoffelsorte ist gleichzeitig auch die älteste: »Holländische Erstlinge« sind seit 1896 ununterbrochen im Handel.

Frühkartoffeln sollten möglichst vorgekeimt werden, weil man damit die Reifezeit um 8 Tage vorverlegen kann. Wenn man es besonders gut machen will, stellt man die Kartoffel auf den Nabel, so daß das Kronenende mit den meisten Augen nach oben ragt. Dann sortiert man die Früchte in eine Kiste und stellt sie warm und hell auf den Küchenschrank oder einen ähnlich geeigneten Ort. Manche Gärtner zerschneiden die Saatkartoffeln in zwei oder drei Stücke, bevor sie sie legen. Diese Methode ist im privaten Anbau aber nicht empfehlenswert. Beim Zerschneiden der Kartoffeln können nämlich sehr leicht Krankheiten übertragen werden. Außerdem ist das Saatgut mit offenen Schnittflächen im Boden anfälliger gegen plötzliche Kälte und gegen Schädlinge.

In den verschiedenen Landschaften Deutschlands sind die günstigsten Zeiten zum Pflanzen der Frühkartoffeln ebenso unterschiedlich wie die Klimaverhältnisse. Man kann also keine Kalendertermine nennen. Als Faustregel kann sich jeder Kartoffelgärtner einfach merken, daß die Bodentemperatur mindestens 7 Grad betragen muß, wenn die »Erstlinge« in den Boden kommen. Ungeduldige Gärtner gefährden die Früchte ihrer Mühe eher, als daß sie frühere Ernten erzielen. Kartoffeln, die in einen genügend erwärmten Boden gelegt werden, noch dazu bei günstigem Wachstumswetter, gedeihen viel schneller und gesünder als solche, die zum frühestmöglichen Termin ausgelegt werden und die dann vielleicht Kälterückschläge erleiden.

Eine gute Saatkartoffel sollte ein Durchschnittsgewicht von 50 bis 60 Gramm haben. Das ist deshalb so wichtig, weil die Knolle mit ihrem Wasser- und Nährstoffreservoir der Kartoffelpflanze über trockene und ungünstige Zeiten hinweghilft. Eine kräftige Mutterkartoffel gibt also auch die Gewähr für viele dicke und gesunde Kartoffelkinder. Wer eine reiche Ernte haben möchte, der sollte sich als Voraussetzung dafür das beste Saatgut besorgen, das er bekommen kann.

Kartoffeln brauchen Platz für ihre Entwicklung, deshalb legt man nur 4 bis 5 Knollen pro Quadratmeter. Sie sollen höchstens 5 cm unter der Erde liegen! Denn die Kartoffel soll möglichst schnell mit ihren Trieben ans Licht gelangen, damit sie sich selbst zur Staude entwickeln, ernähren und versorgen kann. So wird die neue Kartoffelpflanze von den Nahrungsreserven der Saatkartoffel unabhängig und kann das »Futter« verwerten, das der Gärtner ihr anbietet für ein gutes Gedeihen.

Auf dem eigenen kleinen Kartoffelfeld sollte möglichst ein Reihenabstand von 75 cm eingehalten werden. Das ist gut für die Entwicklung der Erdäpfel, und außerdem kann man so zwischen den Frühkartoffeln noch Gurken aussäen, die später reifen und in der Zwischenzeit den Boden feucht, schattig und unkrautfrei halten.

Die Furchen, in die die vorgekeimten Saatkartoffeln an einem schönen warmen Frühlingstag gelegt werden, füttert man mit Kompost liebevoll aus, der mit organischem Dünger vermischt wird. Beim Schließen der Reihen muß man vorsichtig sein, damit die kostbaren Keime nicht brechen. Wer keinen Kompost im Garten vorrätig hat, der benutzt am besten einen im Handel erhältlichen Kartoffel-Spezialdünger. Er enthält viele Spurenelemente und ist auf die Bedürfnisse dieser Pflanze abgestellt.

Nach alter Gärtnertradition werden Kartoffeln ein- bis zweimal angehäufelt. Diese Mühe kann man sich aber ohne schlechtes Gewissen sparen. Ein Lockern des Bodens zwischen den Reihen würde genügen, denn die Früchte gedeihen auch gut auf flachen Beeten. Wer dennoch von den so ordentlich anzuschauenden Kartoffelhügeln nicht lassen möchte, der achte sehr darauf, daß die heranwachsenden Knöllchen nicht verletzt werden. Die gleiche Gefahr besteht natürlich später auch beim Ernten der Kartoffeln. Für ganz gewissenhafte Gärtner, die die Ausgabe nicht scheuen, gibt es eine spezielle »Kartoffelgrabegabel« mit besonders breiten Zinken. Alle anderen Gärtner müssen eben aufpassen, vorsichtig die Staude mit der normalen Grabegabel hochheben und den Abstand beim Einstechen möglichst weit von der Pflanze entfernt wählen. Mit einem Wort: Kartoffeln muß man mit Gefühl ernten! Man darf nicht mitten ins »Nest« stechen.

Der Kartoffelgärtner hat übrigens eine gute Möglichkeit, früher zu ernten als der erfahrenste Bauer. Man muß in diesem Fall die Frühkartoffelreihen mit Plastikbahnen abdecken, die die Erde warmhalten. Dabei ist es allerdings wichtig, daß trotzdem genügend Feuchtigkeit in den Boden gelangt. Gelochte Folie oder die neue elastische »mitwachsende« Spezialfolie sind deshalb am besten geeignet.

Der April ist überall in Deutschland der beste Kartoffel-Aussaat-Monat. Nur in klimatisch sehr günstigen Gebieten kann man Frühkartoffeln schon Ende März legen. Bis Anfang Mai sollten auch die mittelfrühen und die späten Sorten im Boden sein. Erntereif sind die Kartoffeln, wenn sie eine feste Schale haben. Solange man sie noch abreiben kann, ist die Reife noch nicht ganz erreicht. Bei den späteren Sorten ist auch das Abwelken des Kartoffellaubes ein Zeichen für das Reifwerden.

Ein geschickter Kartoffelgärtner kann mit einem Ertrag von 500 bis 700 Gramm pro Staude rechnen.

Die folgenden Sorten sind lange erprobt und überall in Deutschland erhältlich:

»Erstling«, »Hela« und »Saskia« gehören zu den frühesten, die bereits Mitte Juni bis Mitte Juli geerntet werden können. Alle drei Sorten haben eine lang-ovale Form und sind vorwiegend festkochend.

Früh reif ist auch die Sorte »Sieglinde«, eine festkochende Knolle, die sich als Salatkartoffel eignet.

Als mittelfrühe Sorten empfehlen sich »Clivia«, »Grata«, »Désirée« und »Climax«, die alle rund-oval ausfallen und überwiegend fest kochen. Sie reifen im August.

Die späten Sorten »Hansa«, »Datura« und »Maritta« können von August bis September geerntet werden. Die beste Sorte – auch zum Einkellern geeignet – ist davon »Hansa«. Sie hat eine langovale Form, kocht fest und eignet sich als Salatkartoffel. »Datura« und »Maritta« kochen mehlig, eine Eigenschaft, die in modernen Küchen kaum noch gefragt ist. Sogar Kartoffelsorten unterliegen anscheinend gewissen Modeströmungen. Die begehrten Erdäpfel haben heu-

Hügelkultur: uralt und wieder modern.

te alle eine gelbfleischige Farbe. Zu Großmutters Zeiten gab es noch weiße und sogar rötliche Früchte. Aber diese Kartoffelarten sind so gut wie ausgestorben. Man wird sie höchstens noch bei privaten Liebhabern finden können. Im Garten von Dr. Siebeneick gedeihen sogar blauschwarze Kartoffeln, aus denen man – nach Zeugenaussagen – einen delikaten Salat machen kann. Aber diese farbigen Wunderknollen sind nur kuriose Randerscheinungen neben den soliden Feldfrüchten, die heute von Bauern und Hobbygärtnern bevorzugt werden.
Frühkartoffeln – die Lieblingsknollen des Gartenfreundes und des Feinschmeckers – sind zum frischen Verbrauch bestimmt. Man erntet sie so, wie sie in der Küche gebraucht werden. Und so schmecken sie auch am besten!
Die späten Kartoffelsorten sind aber oft als Wintervorrat gedacht. Damit sie auch im Keller noch möglichst lange viel von ihrem Wohlgeschmack behalten, muß man ein paar wichtige Punkte beachten. Der Lagerraum – meist wird es ein Keller sein – sollte möglichst Temperaturen von 7 bis 8 Grad haben. Frischluftzufuhr bei frostfreiem Wetter und eine gewisse Luftfeuchtigkeit gehören ebenfalls zu idealen Lagerbedingungen. Wenn der Raum wesentlich wärmer ist, beginnen die Knollen bald zu keimen; sie verlieren dann rasch an Nährstoffen und an Gewicht. Auch auf größere Kälte reagieren sie empfindlich. In den Knollen setzt eine erhöhte Umwandlung von Stärke in Zucker ein, sie schmecken dann süßlich.
Der Kartoffelkeller muß unbedingt dunkel sein. Unter Lichteinfluß verfärben sich die Früchte grün. Das aber bedeutet: Vorsicht, Gift! Die grünen Stellen enthalten Solanin, einen Giftstoff, der nicht gerade tödliche Folgen hat, aber doch Brennen im Hals, Kopfschmerzen, Benommenheit und sogar Sehstörungen hervorrufen kann. Hier machen sich bei den sonst so sanften Kartoffeln die unangenehmen Familieneigenschaften der Nachtschattengewächse bemerkbar. Grüne Stellen müssen immer radikal herausgeschnitten werden!
Ganz allgemein gilt für den Kartoffelvorratskeller das gleiche wie für die Lagerung aller Wintergemüse: Man darf nur einwandfreie, unverletzte Früchte einlagern.
Gut sortiert ist doppelt haltbar!
Für die Winterfreuden der Kartoffelliebhaber wäre damit gesorgt. Aber Großmutters geliebte »Kartöffelchen« waren in der Zwischenzeit bei manchen kalorienbewußten Genießern in den Ruf der »Dickmacher« geraten. Aus Sorge um die schlanke Linie machte mancher einen großen Bogen um die dampfende Kartoffelschüssel. Diese Furcht haben Ernährungswissenschaftler längst als Aberglauben entlarvt. 100 Gramm Kartoffeln enthalten nur 84 Kalorien oder 356 Joule. 100 Gramm Reis bringen es dagegen auf stattliche 368 Kalorien oder 1540 Joule und Nudeln sogar auf 390 Kalorien oder 1640 Joule.

Diese gelbfleischigen Knollen sind also voll rehabilitiert und können wieder als Genuß ohne Reue verspeist werden. Mehr noch: Wer genießerisch eine Frühkartoffel auf der Zunge zergehen läßt, der lebt dabei ausgesprochen gesund. Eine einzige gedämpfte Kartoffel enthält ebenso viel Vitamin C wie ein Glas Tomatensaft. Hinzu kommen die Vitamine A, B_1, B_2 und B_6. Außerdem verbergen sich in ihrem Inneren lebenswichtige Mineralien und Spurenelemente wie zum Beispiel Kalzium, Phosphor, Kalium, Magnesium, Eisen und Fluor. Ein Pfund Kartoffeln enthält soviel Eiweiß wie ein Hühnerei, aber es ist von biologisch besonders hochwertiger Qualität, weil darin 80 Prozent der körpereigenen Aminosäuren vorkommen. Damit die Kartoffelweisheit nicht reine Theorie bleibt, sollte man noch wissen, daß der Körper Kalzium und Phosphor zum Aufbau des Knochengerüstes, Kalium und Phosphor für die Beweglichkeit der Muskeln und Eisen für die Blutbildung braucht.
Wer Kartoffeln aus Zeitersparnis früh schält und dann stundenlang im Wasser liegenläßt, begeht einen unverzeihlichen Fehler. Viele der wertvollen Inhaltsstoffe werden dabei ausgeschwemmt und gehen verloren. Die schonendste Zubereitung der Knollen ist das Dämpfen mit möglichst wenig Wasser im festverschlossenen Topf. Dabei bleiben Nährstoffe und Aroma am besten erhalten.

Kartoffel-Rezepte

Neue Kartoffeln – vor allem aber Frühkartoffeln – sollte man möglichst nicht schälen. Die meisten Vitamine sitzen nämlich direkt unter der Schale. Sie werden unter fließendem Wasser gewaschen und mit einer Bürste abgescheuert. Man setzt sie mit wenig kaltem Wasser auf. Kartoffeln behalten Geschmack und Vitamine am besten, wenn man sie im geschlossenen Topf gardünstet. Diese Methode ist dem Kochen in reichlich Wasser unbedingt vorzuziehen.

Feinschmeckers Frühkartoffeln (oder Großmutters Pellkartöffelchen)
Die delikateste Art, Frühkartoffeln zu servieren, ist zugleich auch die einfachste. Seit Großmutters Zeiten ist dieses Gericht beliebt bei allen, die den unvergleichlichen Geschmack der ersten neuen Kartoffeln unverfälscht genießen möchten.
Mittelgroße Kartoffeln werden mit der Schale in wenig Wasser gargedünstet. Man füllt sie dampfend in eine bunte bäuerliche Keramikschüssel und schält sie erst bei Tisch. Dazu gibt es nur frische Sahnebutter und Salz. Als Vorspeise paßt dazu eine Schüssel voll grüner Salat mit frischen Kräutern.

Mutters Reibekuchen (Kartoffelpfannkuchen)

Rohe, möglichst etwas mehlige Kartoffeln werden durch eine Küchenreibe gerieben. Die Flüssigkeit, die sich zwischendurch bildet, muß vorsichtig abgegossen werden. Die Kartoffelmasse wird mit einer dicken feingeschnittenen Zwiebel, Salz, Pfeffer und einem Ei vermischt. Dann erhitzt man in einer Pfanne bestes Pflanzenöl rauchheiß und gibt den Kartoffelteig löffelweise hinein. Er läuft zu kleinen flachen »Plätzchen« auseinander, die mehrfach gewendet werden, bis sie auf beiden Seiten goldbraun gebacken sind.

Reibekuchen müssen heiß und frisch serviert werden. Dazu passen die unterschiedlichsten Zutaten: frischer Salat oder gedünsteter Rosenkohl, Vollkornbrot mit Butter, frisches Apfelmus oder nach Großmutterart rheinisches Rübenkraut.

Kartoffeln in Alu-Folie

Große neue Kartoffeln werden gewaschen und mit der Schale in Alu-Folie gelegt. Mit einem scharfen Messer schneidet man sie dann auf der Oberseite kreuzweise ein und umwickelt jede Knolle einzeln mit der Folie. Auf einem Blech werden die Kartoffeln bei ungefähr 200 Grad im Backofen gegart.

Wenn sie weich sind, öffnet man die Alu-Verpackung und legt in die aufgeschlitzte Oberfläche ein Stückchen Butter. Die Kartoffeln werden mit dem Silbermantel serviert. Man löffelt das Fruchtfleisch aus der Schale.

Dazu gibt es frische Knoblauchbutter und verschiedene Quarkdips, zum Beispiel: Quark mit Sahne anrühren, mit Salz, Pfeffer, kleingehackten Zwiebeln und Kümmel würzen. Oder: Quark mit frischem Meerrettich und Kapern mischen. Oder: Quark mit frischen Kräutern verquirlen.

Übrigens kann man Kartoffeln in Alu-Folie auch in der heißen Holzkohlenglut eines Gartengrills braten.

Kümmel-Kartöffelchen

Gerade bei den Frühkartoffeln findet man viele kleine Früchte. Für das folgende Gericht nimmt man nur solche kleinen Knöllchen, die höchstens nußgroß sein dürfen. Sie werden gewaschen und ungeschält mit Salz eingerieben. In einer großen Pfanne erhitzt man viel reines Pflanzenöl (etwa 1 cm hoch) und schichtet die Mini-Kartöffelchen hinein. Dann streut man Kümmel darüber und läßt sie auf kleiner Flamme backen. Diese Delikateß-Kartöffelchen werden mit der Schale – die ja nur eine zarte Haut ist – gegessen. Am besten schmeckt dazu grüner Salat.

Bauern-Pfanne

Frühkartoffeln werden roh in Scheiben geschnitten. Man füllt sie in eine Pfanne mit heißem Öl.

Dann werden sie mit Zwiebeln, Salz und Pfeffer gewürzt. Ab und zu müssen sie gewendet werden. Nach etwa 15 bis 20 Minuten streut man geriebenen Käse darüber. Zum Schluß verschlägt man noch einige Eier mit Gewürzen und Milch, gießt sie über die Kartoffeln und läßt sie stocken.

Dauphinkartoffeln (Gratinkartoffeln)

Ca. 1 kg Kartoffeln schälen und in feine Scheiben schneiden. Eine feuerfeste Form mit einer Knoblauchzehe einreiben und mit Butter einfetten. Die gesalzenen und gepfefferten Kartoffelscheiben einschichten. $^1/_8$ l Milch, $^1/_8$ l Sahne mit Salz, Pfeffer und einem guten Stich Butter aufkochen und über die Kartoffeln gießen. Mit geriebenem Käse bestreuen und im vorgeheizten Backofen bei 220° eine gute Stunde backen.

12

Gäste aus fremden Ländern – im Gemüsegarten zu Hause

Viele Gemüse und Salate, die heute ganz selbstverständlich in unseren Gärten wachsen, haben eine weite Reise hinter sich. Sie sind vor 100, 300 oder 1000 Jahren bei uns heimisch geworden. Ihre Heimat liegt oft in fernen Kontinenten. Sie mußten sich langsam an unsere Erde und an unser Klima gewöhnen, und wir mußten ihren Geschmack und ihre Tugenden in der Küche erst einmal erproben. Zwiebeln, Kartoffeln, Tomaten und Gurken haben sich inzwischen eingewöhnt, wir können uns Garten und Speisezettel ohne sie nicht mehr vorstellen.
Aber wie eh und je kommen neue Gemüsegäste aus den Gärten der Welt in unsere mitteleuropäischen Gefilde. Vielleicht sind auch unter denen, die mancher heute noch als Exoten bestaunt, einige, die unsere Urenkel schon als alltägliche Leib- und Magenspeise betrachten werden.
Wir Gärtner versuchen es immer wieder mit unverbesserlicher Experimentierlust wie in der Lotterie: Ein neues Spiel – ein neues Glück! Ein neuer Kohl – eine neue Gaumenfreude!
Die lange Reihe geglückter Pflanzenanpassungen soll uns Mut machen zu weiteren Versuchen. Es schadet nichts, wenn sie nicht immer auf Anhieb glücken. Dabei kann ja nichts Schlimmeres passieren, als daß die Paprikaschoten beim ersten Mal nur nußgroß werden. Probieren geht über Studieren. Eines sonnigen Tages werden Gärtner und Feinschmecker dann für ihre Ausdauer mit der ersten reifen Melone belohnt.
Die meisten Gäste fremder Länder kommen aus warmen, sonnenreichen Landstrichen. Viele sind in den Mittelmeerländern, etliche sogar in Südamerika oder Asien zu Hause. Unsere mitteleuropäischen, oft verregneten Sommermonate reichen für ihre volle Entwicklung nicht aus. In überdurchschnittlich warmen Sommern und in klimatisch besonders günstigen Landschaften gibt es Ausnahmen von der allgemeinen Regel: In den Weinbaugebieten am Rhein, in der Pfalz und in

Baden reifen auch Feigen, Melonen und Mandeln. Aber in anderen, weniger gesegneten Landschaften muß man mit Tricks und künstlicher Wärme ein wenig nachhelfen, wenn man erfolgreich südländische Spezialitäten ernten möchte. Das dankbarste und unempfindlichste Delikateßgemüse aus der Fremde sind die Zucchini, die schon im Gurken-Kapitel beschrieben wurden. Sie nehmen auch verregnete Sommer nicht sonderlich übel. Bei guter Pflege bringen sie immer reiche Ernten. Für die Anfänger in der exotischen Gartenecke sind sie besonders empfehlenswert. Aber auch die anderen hier beschriebenen Gemüse und Früchte kann man bei einiger Aufmerksamkeit erfolgreich großziehen.

Paprika

Der grüne Bruder der Tomate, der Gemüsepaprika, stammt aus der gleichen Familie der Nachtschattengewächse. Auch seine Heimat liegt in Mittel- und Südamerika. Er kommt also von der Sonnenseite der Welt und stellt deshalb auch in unseren Gärten einige Ansprüche an die Wärme.

Außer dieser fleischigen, milden Gemüsefrucht gibt es noch verschiedene Formen von scharfem Gewürzpaprika, aus denen Cayenne-Pfeffer und ungarischer Paprika hergestellt werden. Sie haben meist längliche, spitz auslaufende Früchte.

Für den Garten des Feinschmeckers ist aber vor allem der rundliche, gerippte Gemüsepaprika wichtig. Die Früchte haben den höchsten Vitamin-C-Gehalt unter allen vergleichbaren bekannten Gemüsesorten. Auch Vitamin A ist reichlich vorhanden. Deshalb sollte man diese grüne oder rote Delikatesse so oft wie möglich als Rohkost-Salat servieren!

Paprika stellt in der Kultur ähnliche Ansprüche wie das Sonnenkind Tomate. Aber nach Möglichkeit möchte er es noch ein bißchen wärmer haben. Die Jungpflanzen kann man ohne weiteres selbst aus Samen ziehen. Speziell für den Freilandanbau in unserem Klima wurde die Sorte »Szegediner« gezüchtet. Ab Mitte März wird unter Glas oder auf einer warmen, hellen Fensterbank ausgesät. Da die Samen langsam keimen, ist es gut, wenn man sie über Nacht in ein Schälchen mit warmem Wasser legt und quellen läßt. Dann sprießt der Samen etwas schneller. Die kleinen Pflanzen werden später, wie allgemein üblich, einzeln in kleine Tontöpfe oder Jiffypots pikiert. Ab Ende April oder Anfang Mai sollte man sie vorsichtig etwas abhärten, damit sie sich ans Freiland gewöhnen und nicht zu rasch in die Höhe schießen. Eine geschützte Balkonecke, die in kalten Nächten mit Plastikfolie abgedeckt werden kann, ein geschlossenes Frühbeet oder ein Folientunnel eignen sich für den ersten Ausflug ins Freie. Wer diese Möglichkeit nicht hat, der muß sich mit häufigem Fensteröffnen helfen. Frischluft ist auf jeden Fall wichtig für gesunde

Pflanzenkinder. Vor Zugluft und Kälte muß man sie dagegen schützen.

Nach dem 20. Mai werden die Paprikapflanzen auf ein sehr sonniges, windgeschütztes Beet gesetzt. Der Abstand beträgt nach allen Richtungen 40 cm. Ein nährstoffreicher, humoser Boden ist ähnlich wie bei Tomaten, Voraussetzung für gutes Gedeihen. Auch der Gemüsepaprika braucht reichlich Wasser während der Vegetationszeit. Ein Düngeguß aus Pflanzenjauche mit etwas Guano ist nach dem Anwachsen auf jeden Fall vorteilhaft. Je regelmäßiger und reichlicher ein Gemüsegarten mit Kompost versorgt wird, desto weniger braucht man allerdings nachzudüngen. Eine zusätzliche Mulchdecke zwischen den Pflanzen hält den Boden feucht und warm.

Am besten gedeiht der Paprika im Schutz eines Frühbeetes. Man kann aber auch über einem normalen Gemüsebeet ein einfaches Lattengerüst errichten mit einem »Dach« aus Plastikfolie. Darunter entwikkelt jeder Sonnenstrahl die doppelte Wärme und sorgt so dafür, daß die Paprikafrüchte dick und reif werden. Meist erntet man sie ab Ende Juli oder Anfang August in grünem Zustand. Wenn man sie voll ausreifen läßt, soweit das in unserem Sommer möglich ist, färben sie sich rot. Dann haben sie auch den höchsten Vitamingehalt.

Die Aubergine oder Eierfrucht

Auch die Aubergine mit ihren länglichen violetten Früchten ist mit der Tomate und dem Paprika verwandt. In Südamerika gibt es spezielle Arten dieses Nachtschattengewächses: die Guatemala- und die Peru-Aubergine. Das bei uns angebaute Gemüse kommt aber aus den Mittelmeerländern. Ursprünglich ist diese Art der Eierfrucht sogar in Indien und Afrika zu Hause. Kein Wunder also, daß ihr Sonnenhunger noch immer groß ist.

Wer wirklich Freude an Auberginen haben möchte, im Garten und auch später in der Küche, der sollte sie auf jeden Fall unter Glas im Frühbeet oder unter einem Folientunnel ziehen. Denn nur mit Hilfe von möglichst viel zusätzlicher Wärme wird man reife Früchte ernten können. Im übrigen ist die Kultur ganz ähnlich wie bei Paprika. Da man nur selten vorgezogene Pflanzen beim Gärtner bekommt, sät man seine Auberginen im März am besten gleich selber auf der Fensterbank aus. Bis zum Auspflanzen gelten nur die gleichen Regeln wie beim Paprika. Wenn die Pflanzen auf dem Beet angewachsen sind, läßt man ihnen nur drei bis vier Triebe, alle anderen werden entfernt. So bekommt man schöne große Früchte. Ab August, wenn die Auberginen violett gefärbt sind, kann man sie ernten.

Die Zuckermelone »Sperling's Honigtopf« reift auch bei uns im Freiland.

Brokkoli oder Spargelkohl

Mit dem Blumenkohl ist er nahe verwandt und gleicht ihm auch im Äußeren. Mit dem Spargel hat er ein wenig Ähnlichkeit im Geschmack, deshalb nennt man ihn auch Spargelkohl.

Dieser Gemüseclown macht im Gegensatz zu anderen exotischen Delikatessen keine besonderen Schwierigkeiten im Garten. Er ist rundherum empfehlenswert. Da er noch nicht allzu lange auf dem Gärtner- und Samenmarkt zu finden ist, sind die Sorten, die man kaufen kann, alle noch relativ neu. Man muß sie einfach ausprobieren.

Brokkoli macht mit seinem hohen Gehalt an Vitaminen und Mineralien beinahe dem Paprika und der Petersilie Konkurrenz. Vor allem Vitamin C hat er reichlich zu bieten. Wie andere Kohlsorten auch wird er im April ins Freiland ausgesät. Ende Mai bis Juni setzt man die Pflanzen mit 50 cm Abstand auf ein Beet, das ebenso gut vorbereitet sein muß wie für Blumenkohl. Kompost wie Dünger und reichlich Wasser sind für die Entwicklung eines kräftigen Kohls wichtig. Die blaugrünen »Röschen« des Spargelkohls werden geerntet, bevor sie aufzublühen beginnen. Auch ein großer Teil der Stiele kann in der Küche mitverwendet werden. Eine besondere Eigenart dieses delikaten »grünen Blumenkohls« besteht darin, daß er nach der ersten Ernte aus allen Blattachseln wieder neu austreibt. Seine nachwachsenden Blütenköpfchen können also laufend bis in den Herbst hinein geerntet werden. Sobald sie aufblühen und sich gelb färben, sind sie allerdings für den Kochtopf nicht mehr brauchbar.

Brokkoli erscheint unter den bürgerlich behäbigen Kohlköpfen wie ein drolliger, nicht ganz seriöser Außenseiter. Aber er wird sich sicher bald einen Platz in den Gärten der Feinschmecker erobern. Denn so viele gute Eigenschaften wie bei diesem »Rosenkavalier« der Gemüsebeete findet man selten auf einmal: hoher Vitamingehalt, delikater Spargelgeschmack, monatelange Erntezeit und keinerlei Klima-Allüren! Für den Brokkoli sollten die Gartentore wirklich weit offenstehen.

Melonen

Die würzig-süßen Zuckermelonen sind rundliche Schwestern der Gurke. Man nennt die gelblichen Früchte auch Honigmelonen. Sie stammen aus Asien. Um die Zeitenwende gelangten sie nach Italien und waren bald außerordentlich beliebt. In den folgenden Jahrhunderten soll es in Europa viele berühmte Persönlichkeiten gegeben haben, die die süßen Melonen zu ihrer Lieblingsspeise ernannten. Einige von ihnen haben den Genuß sehr übertrieben. Falls die Chronisten nicht auch übertrieben haben, aßen sich Kaiser Albrecht II. im Jahre 1439 und Papst Paul II. im Jahre 1471 an Melonen tot.

Diese Beispiele sollten auch dem größten Feinschmecker nicht als Vorbild dienen. Aber sie machen vielleicht verständlich, warum auch heute noch viele Gartenliebhaber diese süßen Fruchtkugeln aus dem Süden für ihr Leben gern im eigenen Garten großziehen möchten. Mit viel Liebe und List ist das auch durchaus möglich.

Übrigens darf man bei solchen Experimenten die Zuckermelone, die ein grünlichgelbes Fruchtfleisch hat, nicht mit der rotfleischigen Wassermelone verwechseln. Diese saftreiche Frucht gedeiht wirklich nur unter südlicher Sonne.

Honigmelonen werden genau wie alle anderen Südländer im Garten am besten auf der warmen Fensterbank vorgezogen. Mitte April legt man die Körner in kleine Blumentöpfe, die gleichmäßig feucht gehalten werden müssen. Ende Mai dürfen die Pflanzen ins Freiland. Sie werden mit 1 Meter Abstand gepflanzt. Die Melonen sind aber noch viel wärmebedürftiger als ihre Gurkenschwestern. Am sichersten gedeihen sie deshalb im Frühbeet oder im Folientunnel. Ihre Blüten müssen von Bienen bestäubt werden. Deshalb muß man während dieser Zeit immer für Öffnungen sorgen, durch die die Insekten ein- und ausfliegen können. Wenn das nicht möglich ist, muß der Gärtner zum Pinsel greifen und selbst für Bestäubung sorgen.

Das Melonenbeet muß sehr nährstoffreich sein und immer gut gegossen werden. Das wichtigste für eine gute Ernte ist aber das Entspitzen der Triebe, denn die Früchte wachsen am besten an den Seitentrieben »zweiter Ordnung«. Zuerst wird der Haupttrieb nach dem vierten Blatt abgeknipst. Sofort bilden sich zahlreiche Seitentriebe. Davon dürfen etwa vier Triebe erhalten bleiben, die ebenfalls nach dem vierten bis fünften Blatt entspitzt werden. An den Ranken, die sich danach bilden, entstehen die besten Früchte. Pro Pflanze sollte man höchstens sechs Stück reifen lassen, damit sie auch wirklich rund und schön werden.

Wie beim Kürbis legt man auch unter die kostbaren Melonen ein Holzbrettchen, damit sie nicht auf der feuchten Erde faulen. Die reifen Früchte erkennt man daran, daß der Stiel trocken wird und sich löst, an der gelben Farbe und an einem wunderbaren süßen Melonenduft.

In unserem Klima hat sich die Sorte »Zuckerkugel« bewährt. Außerdem bietet der Samenzüchter Sperling in Lüneburg eine Neuheit mit dem Namen »Honigtopf« an. Sie soll keinen Schnitt mehr benötigen.

Ein Gärtner, der solche besonderen, wärmeliebenden Delikatessen nicht nur als einmaliges Experiment, sondern alle Jahre wieder in seinem Garten pflanzen möchte, stellt sich am besten ein einfaches Plastikgewächshaus auf. Diese bescheidenste Form des Gewächshauses wird heute überall preiswert und in stabiler Ausführung angeboten. Man kann es mit einigem Geschick selber aufstellen und dann vielfältig ausnützen. Die winterliche Heizung, die ein Glashaus erst zum teuren Luxus-Palast macht, fällt bei einem solchen Kalthaus weg. Ab Fe-

bruar kann man aber darin schon Sommerblumen und Gemüse aussäen und etwas später die ersten Salatköpfe großziehen.
Während des Sommers ist das kleine Treibhaus ein idealer Aufenthalt für alle wärmebedürftigen Gemüsearten. Gurken, Melonen, Paprika und Auberginen gedeihen hier in tropischer Üppigkeit.
Die durchsichtige Plastikhaut über südländischen Kostbarkeiten ist für einen Spezialitäten-Gärtner soviel wert wie der Winterpelz für den Eskimo. Alle Wohlgerüche Arabiens werden dafür durch seine Küche ziehen, und seine Feinschmeckergäste werden ihn preisen, weil Paprika und Melonen frisch geerntet in unseren grauen Breiten ein so seltener Hochgenuß sind!

Rezepte

Brokkoli mit zerlassener Butter
Die grünen Röschen werden genau wie beim Blumenkohl herausgeschnitten, geputzt und gewaschen. Die weichen Teile der Stiele können ebenfalls verwendet werden. In heißem Salzwasser wird der Brokkoli 10 bis 15 Minuten gargedünstet. Sein feiner Spargelkohlgeschmack kommt am besten zum Ausdruck, wenn man ihn nur mit heißer Butter übergießt und zu Kartoffelpüree serviert.

Bunter Paprika-Salat
Paprikaschoten werden gewaschen, entkernt und in feine Streifen geschnitten. Mit Tomatenscheiben, Gurkenscheiben und Schnittsalat werden sie in eine Marinade aus Pflanzenöl und Zitronensaft mit wenig Salz und Pfeffer gegeben.

Variation:
Mit feingewiegter Zitronenmelisse und Basilikum bestreuen.

Variation:
Mit zerbröseltem Schafskäse bestreuen.

Paprika-Auberginen-Gemüse mit geschnetzeltem Schweinefleisch
4 mittelgroße Zwiebeln schälen und in Scheiben schneiden, zwei grüne und zwei rote Paprikaschoten waschen, entkernen und in Streifen schneiden. Eine Knoblauchzehe schälen und zerdrükken, ein Stück Sellerieknolle hobeln. Das Gemüse in ausgelassenem Speck und Butter anschmoren, eine gewaschene, kleingeschnittene Aubergine hinzufügen. 20 Minuten dünsten, dabei etwas Fleischbrühe angießen. Mit Salz und Rosenpaprika abschmecken.
Ein Schweinefilet in feine Streifen schneiden, in heißem Öl unter ständigem Rühren einige Minuten braten, salzen, pfeffern und auf dem Gemüse anrichten. Dazu paßt Reis oder Weißbrot.

Gefüllte Auberginen
Auberginen waschen, der Länge nach halbieren und aushöhlen. Das Fruchtfleisch kleinschneiden und mit herzhaft abgeschmecktem Hackfleisch vermischen. Diese Masse in die Auberginenhälften füllen. Eine Auflaufform ölen, die Auberginen hineinlegen, mit Tomatenscheiben bedecken. Die Tomaten salzen, mit feingehacktem Knoblauch und Oregano bestreuen. Den Deckel auflegen und im vorgeheizten Backofen 45 Minuten backen. Dann den Deckel abnehmen und noch 15 Minuten weiterbacken.

Melonen-Salat
Eine Zuckermelone wird geschält, in Stückchen geschnitten und kalt gestellt. Kurz vor dem Servieren beträufelt man den kühlen Fruchtsalat mit Sherry.

Melonen-Schiffchen mit Schinken
Als Vorspeise schmecken Melonenviertel sehr gut, die man vorher entkernt, auslöst und wieder in die Schalen zurücklegt. Dazu gehören hauchdünne Schinkenscheiben, am besten Parmaschinken oder ein anderer schwachgesalzener Schinken.

13

Kräuter gehören dazu

Ein Garten ohne Kräuter ist wie eine Suppe ohne Salz. Erst recht wären die Küchenkünste eines Feinschmeckers ohne Kräuterwürze unvollendete Werke. Frisch aus dem Garten geholt, vollbringen die silbergrauen und grünen Blättchen, die fleischigen Zweige und die holzigen Ästchen der verschiedenen aromatischen Gewächse wahre Wunder an Düften und Wohlgeschmack.

Wenn im März die ersten saftstrotzenden dunkelgrünen Schnittlauchröhrchen durch die braune Erdkruste brechen, dann weiß jeder Gärtner, daß der Frühling wieder einmal gewonnen hat. Nie schmeckt das kräftige Würzkraut aus der Zwiebelfamilie besser als in diesen ersten Wochen zu Beginn einer neuen Vegetationszeit. Was wäre der erste Salat ohne Schnittlauch – erst durch diesen frischen und kräftigen Geschmack wird das zarte Blattgrün zu einer herzhaften Frühlingsspeise!

Viel später, in der heißen Jahreszeit, wehen die Düfte von Basilikum, Zitronenthymian und Minze über den Gartenweg. Sie bleiben in der Erinnerung hängen wie der Inbegriff des Sommers. Nie möchte ich die dicken bunten Kräutersträuße missen, die ich manchmal nur zum Vergnügen zusammenbinde – nicht zum Kochen, sondern zum Riechen! Wie ein tiefer, summender Orgelton steigt aus diesen grünbunten Bündelchen ein voller würziger Duftakkord. Darin schwingt die Ahnung von geheimnisvollen Inhaltsstoffen ebenso mit wie die sekundenlange, genüßliche Halluzination von kulinarischen Wundern: Hähnchen mit Rosmarin, Goethes Leibgericht, die grüne Kräutersoße, römische Salbeischnitzel und Gurkensalat mit frischem Dill blieben ohne aromatische Kräuter unerfüllte Träume.

Zum herbstlichen Ausklang kommen dann noch die herben kräftigen Wohlgerüche der Sellerieblätter und der Samenkörner von Fenchel und Kümmel hinzu.

In dem Feinschmeckergarten könnte man so die Jahreszeiten mit den

Duftnoten der Kräuter markieren, wobei die Düfte, die über die Beete wehen, und die Gerüche, die aus den Kochtöpfen dringen, sich in angenehmster Weise vermischen. Beide wecken Wohlbehagen und angenehme Träume.

In Großmutters Garten gab es keine so große Kräuterauswahl. Dafür kannte sie aber noch die Geheimnisse der wilden Heilkräuterpflanzen am Wegrand. Sie wußte noch, wozu man den Rainfarn braucht und wie man aus Johanniskraut eine schmerzlindernde Salbe zubereitet. Auch in den zahmen Gartenkräutern ist außer dem begehrten Aroma immer auch Heilkraft verborgen. Sie sind Nahrung, Genuß und natürliche Medizin in harmonischer Verbindung. Das Gewürzbeet krönt deshalb alle Künste des Gemüsegärtners und der Köchin.

Auch diejenigen Genießer, die keinen eigenen Garten haben, können sich wenigstens den kleinen Luxus frischer Kräuter leisten, denn einige von ihnen lassen sich im Balkonkasten und sogar im Blumentopf auf der Fensterbank ziehen. Ein Kräutergärtchen kann man also auf vielfältigste Weise anlegen. Aber eines ist allen Varianten gemeinsam: für die Würzpflanzen muß man das sonnigste Plätzchen aussuchen, das sich finden läßt. Außerdem brauchen die meisten Küchenkräuter einen leichten, humosen Boden mit gutem Wasserabzug. Eine Ausnahme ist zum Beispiel der Liebstöckel, der mit seinen starken Pfahlwurzeln gern in tiefgründigen, fetten Lehm eindringt und dort kaum wieder ausgerottet werden kann. In der Regel ist es aber für Kräuter gesünder, wenn der Boden eher mager ist. Sie brauchen auch kaum Düngung. Dadurch würden sie nur gemästet und getrieben. Sie entwickeln dann zwar mehr Blattmasse, aber dafür weniger Aromastoffe und ätherische Öle. Verwöhnt werden sie am besten nur durch die Sonne. Sie ist ihr Bundesgenosse bei der Erzeugung von Wohlgerüchen und wertvollen Inhaltsstoffen.

Guter, reifer Kompost ist für das Kräuterbeet die beste Versorgung. Allzu leichte Sandböden kann man damit verbessern. Schwere nasse Böden brauchen zusätzlich eine Auflockerung mit Sand und Torf. Der Sand ist dabei die wichtigere Komponente. Noch besser wäre eine Drainageschicht aus Sand und Kies. Das Kräuterbeet kann darüber leicht erhöht angelegt werden, so daß die Gefahr stauender Nässe gebannt ist.

Aber selbst bei bester Planung wird man kaum alle Küchenkräuter auf einem einzigen Beet unterbringen. Viele von ihnen wachsen staudenartig oder wie kleine Gehölze. Sie sind winterhart und ausdauernd und werden jedes Jahr umfangreicher. Deshalb können sie viel besser und ungestörter am Zaun entlang wachsen als blühende und duftende Gartenbegrenzung. Die großen Prachtexemplare wie Beifuß, Liebstöckel, Fenchel, Beinwell, aber auch Zitronenmelisse und Estragon können sich dort ausbreiten.

So schöngestaltige Gewächse wie Salbei, Ysop, Eberraute und Weinraute kann man aber auch in der Blumenrabatte eines Ziergartens unterbringen. Lavendel, Thymian und Tripmadam dürfen sich im Steingarten oder sogar zu Füßen der Rosen ausbreiten. So werden sich die schönsten Sommerdüfte mischen, und beim Ernten der Gewürzkräuter kann man den bezaubernden Zusammenklang von Rosen- und Lavendelblüten mitgenießen.

Auf dem eigentlichen Kräuterbeet wachsen dann in der Hauptsache die ein- und zweijährigen Gewürze, die man aus Samen zieht: Dill, Borretsch, Petersilie, Kerbel, Kresse, Bohnenkraut, Basilikum, Portulak, Majoran, Pimpinelle und noch einige andere. Hinzu kommen kleine Stauden wie Schnittlauch, Bergbohnenkraut, Thymian und Oregano. Sie werden entweder in Reihen gesät und gepflanzt oder in kleinen Gruppen. Sehr hübsch sieht es aus, wenn das Kräuterbeet – ähnlich wie in alten Klostergärten – in ordentliche Vierecke eingeteilt ist. Mit kleinen Pflastersteinen oder Ziegelsteinen kann man diese Wirkung leicht erreichen. Auf jedem Feld wächst dann ein anderes Kraut. Der Gärtner hat eine gute Übersicht, und es fällt ihm leicht, Unkraut zu jäten.

Natürlich kann man es auch ganz anders machen und das Kräuterbeet wie eine Rabatte anlegen. Die Gesamtwirkung ist dann natürlicher und hat ein wenig Wildstaudencharakter, besonders wenn man noch einige Heilpflanzen wie den prächtigen gelbblühenden Alant, die strahlenden Königskerzen und Baldrian mit seinen zarten weißrosa Doldenblüten dazwischensetzt. Ein solches Beet braucht allerdings viel Platz. Es muß stufenförmig aufgebaut werden. In den Hintergrund pflanzt man die hohen, ausdauernden Kräuter, davor die mittelhohen, wie zum Beispiel Salbei, Lavendel und Weinraute. Den Vordergrund bilden Schnittlauch, Pimpinelle, Petersilie und so weiter. In einem solchen üppigen Prachtbeet müßten überall Trittplatten ausgelegt sein, damit man auch einigermaßen mühelos ernten kann.

Gewürzkräuter wachsen aber auch in Schalen oder Kübeln auf der Terrasse oder in einem Atriumhof. Wenn man mehrere Gefäße zusammenstellt und die Kräuter darin mit einigen bunten Sommerblumen kombiniert, bekommt man ein reizendes mobiles Gärtchen, in dem sich die Freude an farbigen Blüten und an duftenden Kräutern sommerlich heiter mischt. Das kleinste Gewürzgärtchen findet im Balkonkasten und in ein paar Blumentöpfen vor dem Küchenfenster Platz. Bei allen Gefäßen muß man darauf achten, daß für gute Drainage gesorgt ist und daß eine sandige Erdmischung verwendet wird. Im begrenzten Lebensbereich eines Kastens oder eines Topfes muß man auch vorsichtig ein wenig düngen und bei Trockenheit regelmäßig gießen.

Kräuter im Garten: Ausdauernde Gewürzpflanzen

Beifuß

(Artemisia vulgaris)

Der graugrüne Beifuß gehört wie der Estragon zu den Artemisia-Gewächsen. Er wird gut einen Meter hoch und braucht volle Sonne, um sein Aroma zu entwickeln. Er kann aus Samen gezogen oder als Jungpflanze gesetzt werden. Im übrigen ist er völlig anspruchslos. Man erntet ganze Zweige, solange die Blütenknospen noch geschlossen sind. Verwendet werden später nur die getrockneten Blätter.

Das Kraut hat vor allem auf die Verdauungsorgane eine wohltuende Wirkung und wird gern zu fettem Gänsebraten verwendet, vorbeugend gewissermaßen! Beifuß wächst auch überall am Wegrand und an Böschungen wild. Er ist eine uralte Heil- und Zauberpflanze, die schon in der Antike hoch in Ehren gehalten wurde.

Bergbohnenkraut

(Satureja montana)

Das ausdauernde Bergbohnenkraut, das auch »Winterbohnenkraut« genannt wird, ist ein kleines verholzendes Halbsträuchlein, das aus den Mittelmeergebieten stammt. Es wird 30 bis 50 cm hoch. In kalten Gegenden braucht es ein wenig Winterschutz. Im Geschmack ist es ähnlich wie das einjährige Bohnenkraut, aber etwas intensiver und herber.

Am besten kauft man fertige Jungpflanzen. Später kann man vom eigenen Bestand leicht Stecklinge ziehen. Ein warmer Platz und magere, möglichst etwas kalkhaltige Erde bekommen dem Bergbohnenkraut am besten.

Eberraute

(Artemisia abrotanum)

Das buschige Sträuchlein aus den Mittelmeerländern wird etwa einen Meter hoch. Die Eberraute hat sehr fein gefiederte Blättchen, die kräftig und aromatisch nach Zitrone duften. Sie würzt aber viel intensiver als die zartere Zitronenmelisse und darf deshalb nur in kleinen Mengen verwendet werden.

Dieses Gewürzkraut stand schon in den mittelalterlichen Klostergärten in hohem Ansehen. Es wirkt vor allem magenstärkend. Die Eberraute wird am besten als Jungpflanze gekauft. Sie stellt keine besonderen Bodenansprüche, braucht aber wie alle Gewürzpflanzen viel Sonne. Zur vollen Entwicklung benötigt sie auch reichlich Platz, etwa einen Quadratmeter pro Pflanze.

Estragon

(Artemisia dracunculus)

Dieses beliebte Gewürzkraut scheint erst mit den Kreuzfahrern nach Europa gekommen zu sein. Es ist ursprünglich in Asien zu Hause. Beim Kauf der Pflanzen muß man unbedingt darauf achten, daß man »deutschen« oder »französischen Estragon« bekommt. Er ist viel aromatischer als der »russische« Estragon, der ebenfalls im Handel ist.

Das Kraut wird 1 bis 1,50 Meter hoch und muß meist etwas hochgebunden werden. Es braucht guten, humosen Boden und sonnigen Stand. Die schmalen, lanzettförmigen Blättchen können den ganzen Sommer geerntet werden, schmekken aber vor der Blüte am besten. Im Herbst sterben die oberirdischen Pflanzenteile ab, nur der Wurzelstock überwintert und treibt im Frühling erneut aus. Durch Wurzelausläufer kann man den Estragon leicht vermehren. Alle 4 bis 5 Jahre sollte der Bestand erneuert werden.

Lavendel
(Lavandula angustifolia)
Der silberblättrige kleine Duftstrauch mit den blauen Blütenrispen stammt aus warmen Mittelmeerländern und braucht auch bei uns viel Sonne und leichten Boden. Der Lavendel wird bis zu 50 cm hoch und wächst auch sehr in die Breite. Man kann ihn aber durch Rückschnitt nach der Blüte in Form halten. Er ist eine alte Pflanze, die auch lange Zeit in den Bauerngärten wuchs. In kalten Gegenden braucht er Winterschutz. Man setzt im Frühling fertige Jungpflanzen. Später kann man den Lavendel selber durch Stecklinge vermehren. Meist wird das graugrüne Kraut mit den blauen Blüten nur als Duftpflanze betrachtet. In kleinen Mengen kann man aber auch die Blattspitzen zu Kräuterbutter, Fischsoßen und zum Räuchern verwenden.

Liebstöckel
(Levisticum officinale)
Der mächtige, stark-würzige Liebstöckel stammt wahrscheinlich aus Südwesteuropa. Er wurde schon im Altertum als Heilpflanze benutzt. In den Klostergärten des Mittelalters pflanzte man ihn, weil er das »bauchwee« stillt, und auf dem Lande benutzte man ihn als Liebeszauber. Heutzutage nennt man ihn manchmal »Maggikraut«, weil er einen ähnlichen Geschmack hat wie diese bekannte Küchenwürze.
Der Liebstöckel hat tief in die Erde ragende Wurzeln und entwickelt eine üppige Blattmasse. In fetten Böden wird er zwei bis drei Meter hoch. Er gedeiht am besten in nährstoffreicher, feuchter Erde und verträgt auch Halbschatten. Alle oberirdischen Pflanzenteile erfrieren im Winter. Im Frühling kauft man am besten fertige Jungpflanzen beim Gärtner. Aussaaten sind aber auch nicht allzu schwierig. In den ersten Jahren kann man den Liebstöckel durch Teilung vermehren. Alte Pflanzen sind dazu aber zu tief und fest verwurzelt.

Meerrettich
(Armoracia rusticana)
Wurzelstücke dieser uralten Heil- und Küchenpflanze werden im Frühjahr schräg in den Boden gelegt. Vorher müssen alle Seitenwurzeln entfernt werden. Wer auch während des Sommers immer wieder Seitentriebe abschneidet, wird im Herbst mit einer besonders starken Hauptwurzel belohnt. In durch-

lässigem Boden entwickelt sie sich natürlich am besten. Sie wird vor dem Frost ausgegraben und entweder frisch verwendet oder im Keller in feuchten Sand eingeschlagen. Meerrettich desinfiziert den Darm. Er wirkt darüber hinaus auch bei Erkältungen und Rheuma heilend. Aus jedem Wurzelstückchen, das im Boden bleibt, entwickelt sich eine neue Meerrettichpflanze.

Pfefferminze
(Mentha piperita)
In alten griechischen Sagen war die schöne Minthe die Geliebte des Hades. Sie wurde von seiner eifersüchtigen Gattin umgebracht und verwandelte sich in das betörend duftende Minzenkraut. Seit Jahrtausenden steht es in hohem Ansehen. In ihrer heimischen Wildform wächst die Pfefferminze gern an Bachufern. Auch die Gartensorten lieben feuchten, humosen Boden. Die beste und aromatischste Sorte ist die »echte Mitcham Minze«. Sie wird nur durch Wurzelausläufer vermehrt. Pfefferminze auszusäen ist ein müßiges Unterfangen. Sie fällt nur selten sortenecht aus. Liebhaber dieses Würz- und Teekrautes können auch seltenere Sorten anpflanzen wie zum Beispiel die Apfelminze, die Orangenminze und die Gewürzminze.
Das Mentholöl verleiht der Pfefferminze ihren charakteristischen Duft und Geschmack. Das Kraut wird frisch oder getrocknet verwendet. Pfefferminztee ist eine Wohltat für den Magen und die Galle.

Rosmarin
(Rosmarinus officinalis)
Schon die Griechen ehrten ihre Götter mit Rosmarinkränzen. Diesseits der Alpen waren seine duftenden Zweige als Brautsträußchen beliebt. Aber schon der Kräutervater Hieronymus Bock stellte energisch fest, daß »der Rosmarein« vor allem seinen wichtigsten Platz im Gewürzgarten habe und daß man ihn für »Kuchen, Keller und Apotheken« verwenden solle. Die herz- und nervenstärkenden Eigenschaften des Krautes sind seit Jahrtausenden bekannt. Der kleine verholzende Strauch mit den schmalen ledrigen Blättchen ist in den Mittelmeerländern – vor allem in Dalmatien, Italien und Südfrankreich – zu Hause. Er wächst an sonnigen, felsigen Hängen. Auch im Garten braucht der Rosmarin einen sehr warmen Platz, zum Beispiel an einer südlichen Hauswand, und sandigen, durchlässigen Boden. Unter guten Bedingungen kann er zwischen 50 und 100 cm hoch werden. In günstigen Lagen ist er sogar winterhart und braucht nur einen leichten Fichtenreisigschutz. In rauhen Gegenden topft man den kleinen Strauch besser im Herbst ein und überwintert ihn kühl und hell im Haus.
Rosmarin läßt sich auf die verschiedenste Weise heranziehen. Man kann ihn gut im März in Schalen aussäen und auf der warmen Fensterbank vortreiben. Fertige Jungpflanzen setzt man im April oder Mai gleich in den Garten. Im Juni

oder Juli kann man von älteren Pflanzen Stecklinge schneiden, die sich in sandiger Erde leicht bewurzeln.

Salbei
(Salvia officinalis)
»Wer ewig leben will, muß Salbei im Mai essen«. Dies ist nur einer der vielen Lobsprüche, die die seit Jahrtausenden geschätzten Heilkräfte des Salbei rühmen. Seine silbergrauen, stark aromatischen Blätter enthalten ätherische Öle, die vor allem bei Erkältungen und Halsschmerzen lindernd wirken.
Auch der Salbei stammt – wie viele Gewürzkräuter – aus den Mittelmeerländern. Im Alter bildet er einen verholzenden Halbstrauch, der 50 bis 70 cm hoch werden kann und auch nach den Seiten weitausladende Zweige hat. Er braucht viel Sonne und sandigen, durchlässigen Boden. Salbei liebt auch Kalk, den er von den Felsenhängen seiner Heimat gewöhnt ist. Am besten kauft man im Frühling fertige Pflanzen. Von älteren Exemplaren schneidet man Stecklinge zur Vermehrung. Für ganz geduldige Gärtner ist auch die Aussaat empfehlenswert.

Sauerampfer
(Rumex acetosa)
Dieses alte Knöterichgewächs ist auf saftigen Wiesen überall in Europa und Asien zu Hause. Der Sauerampfer liebt deshalb auch im Garten feuchten, humosen Boden und etwas Schatten. Sonst stellt er aber keine besonderen Ansprüche. Alte Pflanzen wurzeln sehr tief und brauchen reichlich Platz. Man kann das Kraut ab April im Freiland aussäen und später die kräftigsten Pflanzen versetzen. Auch Teilung älterer Exemplare ist möglich. Die grünen Blätter werden im Frühjahr und im Sommer laufend geerntet. Sie enthalten viel Vitamin C und fördern die Blutbildung. Man sollte aber möglichst nur junges Grün verwenden, ältere Blätter enthalten zuviel Oxalsäure, die nicht von jedem vertragen wird.

Schnittlauch
(Allium schoenoprasum)
Dieses unentbehrliche und überall bekannte Küchenkraut war schon bei den Römern beliebt. Kaiser Nero aß Schnittlauch mit Brot und Öl, um eine schöne Stimme zu bekommen! Im Garten unserer Tage geht es wohl mehr um den kräftig-würzigen Zwiebelgeschmack des Schnittlauchs und um den reichen Gehalt an Vitamin A, B und C.
Die Kultur ist einfach. Das ausdauernde Gewächs mit den röhrenförmigen Blättern gedeiht in der Sonne und im Halbschatten. Es verlangt kalkhaltigen, humosen Boden und genügend Feuchtigkeit. Schnittlauch kann ebensogut ausgesät wie durch Teilung der Wurzelstöcke vermehrt werden. Bei der Ernte sollte man nie alles Grün auf einmal abschneiden. Dadurch erschöpft sich die Pflanze zu rasch. Wer im Herbst einen Schnittlauchballen eintopft, der hat auch im Winter auf der Fensterbank frisches Würz-

kraut. Die Töpfe dürfen aber nicht zu warm stehen und müssen gleichmäßig feucht gehalten werden.

Thymian

(Thymus vulgaris)

Das niedrige, verholzende Sträuchlein wird nur 20 bis 30 cm hoch. Es gehört zu den ältesten der ehrwürdigen Heilkräuter und ist auch in der modernen Medizin wegen seiner antiseptischen und desinfizierenden Eigenschaften geschätzt. Außerdem lindert Thymiantee hartnäckigen Husten. In seiner Heimat, in den Mittelmeerländern, wächst das stark-würzige Kraut auf steinigen, mageren Böden in der vollen Sonne. Auf sandigen, kalkhaltigen Beeten gedeiht es deshalb auch im Garten am besten. Man kann die kleinen Sträucher ohne weiteres zurückstutzen, wenn sie zu sperrig werden. Die am Boden liegenden Ästchen bewurzeln sich oft von selbst, so daß an Nachwuchs kein Mangel herrscht, wenn der Thymian erst einmal im Garten heimisch ist. Die ersten Pflanzen kauft man am besten beim Gärtner. Die Aussaat auf der Fensterbank ist zwar möglich, aber die feinen Samen keimen nur langsam, und das Experiment ist etwas langwierig und mühsam.
Es gibt »französischen« oder Sommerthymian und »deutschen« oder Winterthymian. Ausdauernd sind sie beide. Der Winterthymian ist in unserem Klima etwas härter. In kalten Gegenden sollte man das Kraut aus dem Süden mit Fichtenreisig über Winter schützen.
Der Zitronenthymian ist eine besondere Liebhabersorte dieses Würzkrautes. Er schmeckt und duftet, wie der Name sagt, intensiv nach Zitrone. Seine Blättchen sind hellgrün und zart. Die Kultur ist die gleiche wie beim normalen Thymian.

Weinraute

(Ruta graveolens)

Die Raute mit den bläulichgrünen, zierlich gefiederten Blättern ist ein uraltes Heil-, Zauber- und Liebeskraut. Sie darf aber sowohl in der Medizin als auch in der Küche nur in sehr kleinen Mengen verwendet werden. Als Einwanderin aus heißen Mittelmeergebieten verträgt die Weinraute auch bei uns viel Trokkenheit. Sie gedeiht zur Not auch im Halbschatten, aber in voller Sonne entwickelt sie intensiveres Aroma. Leichte, kalkhaltige Böden bekommen ihr am besten. Die Weinraute kann ohne weiteres bis zu einem Meter hoch werden und einen stattlichen Busch bilden. Sie nimmt einen Rückschnitt aber nicht übel. Man kann sie durch Aussaat, Teilung oder Stecklinge vermehren. Weil sie ziemlich widerstandsfähig ist, kann man sie ab April oder Mai auch im Freiland auf ein geschütztes Beet aussäen. Die Weinraute ist in den meisten Gegenden winterhart.

Ysop

(Hyssopus officinalis)

Der kleine holzige Halbstrauch mit den schmalen dunkelgrünen Blättchen wurde in alten Zeiten für be-

sonders heilsam und heilig gehalten. Seine Urheimat liegt möglicherweise in Kleinasien, er wächst aber auch an den Hängen des Altaigebirges.
Der Ysop möchte im Garten einen freien, sonnigen Stand haben und leichten, durchlässigen Boden. Am besten besorgt man sich im Frühling fertige Pflanzen beim Gärtner. Später kann man das Würzkraut auch durch Stecklinge vermehren. Die Aussaat in Schalen auf der Fensterbank ist im März oder April möglich. Der Ysop braucht nur in rauhen Lagen Winterschutz.

Zitronenmelisse
(Melissa officinalis)
»Die Melisse macht anmutige Träume«, sagten die alten Heilkundigen. Vor allem besänftigt sie die Nerven, und diese gute Eigenschaft machte man sich von den Zeiten der antiken Griechen bis heute zunutze. Für Gärtner ist es außerdem nützlich zu wissen, daß man Bienen- und Insektenstiche mit frischen Melisseblättern abreiben sollte. Der Saft des Krautes bringt rasch Linderung der Schmerzen und der Schwellungen.
Die Zitronenmelisse wächst – wie so viele unserer Würzkräuter – in den Mittelmeerländern wild. Diesseits der Alpen ist sie aber auch schon viele Jahrhunderte lang heimisch. Im Kräutergarten braucht sie einen sonnigen Platz. Sandiger Lehmboden wäre ihr am liebsten. Gerade bei dieser kräftigen, lange ausdauernden Staude ist gute Kompostversorgung wichtig. Die Pflanze kann an günstigen Standorten ohne weiteres einen Meter hoch werden. Sie bildet umfangreiche rundliche Büsche. Ihre nach frischer Zitrone duftenden Blätter kann man vom Frühling bis zum Herbst ernten. Im Winter sterben alle hohen Triebe ab. Dicht am Boden behält die Melisse aber ein Nest fester, dunkler Blätter. Dadurch treibt sie im Frühling schnell und kraftvoll wieder aus.

Ein- bis zweijährige Gewürzpflanzen

Basilikum
(Ocimum basilicum)
Das »Königskraut« oder Basilikum stammt aus Indien und braucht besonders viel Wärme für eine gesunde Entwicklung. Die feinen schwarzen Samen werden am besten im März oder April in eine Schale ausgesät, die auf eine sonnige Fensterbank gestellt wird. Ab Mitte Mai können die kleinen Basilikumpflanzen auf ein sehr geschütztes Beet ins Freiland gesetzt werden. Im Frühbeet oder unter Plastikschutz gedeihen sie noch besser. Sie brauchen durchlässigen, humusreichen Boden und müssen bei sommerlicher Hitze häufig gegossen werden.
In deutschen Normalsommern wird das Basilikum höchstens 30 cm hoch. In überdurchschnittlich heißen Sommermonaten kann es aber auch einen halben Meter hoch wachsen. Dann durchdringt es den ganzen Garten mit seinem würzigen

Duft. Man kann groß- und kleinblättriges Basilikum in Samentüten kaufen. Der Unterschied im Aroma ist oft erheblich. Das kleinblättrige Kraut ist meist feiner. Es eignet sich auch sehr gut als Topfpflanze. Basilikum ist auf der Fensterbank eine ganzjährige Zimmerpflanze. Im Garten stirbt es beim ersten Frost ab.

Bohnenkraut
(Satureja hortensis)
Von Italien kam das Bohnenkraut über die Alpen. Es wuchs schon in den Kräutergärten Karls des Großen und der heiligen Hildegard von Bingen. Außer seiner kräftigen Würze soll es auch krampfstillende und nervenstärkende Wirkungen haben.
Im Garten stellt es keine besonderen Ansprüche und wächst auf allen Böden. Bei viel Sonne und guter Kompostversorgung entwickelt das Kraut aber intensiveres Aroma. Bohnenkraut ist kälteempfindlich, deshalb sollte man es im Freiland erst im Mai aussäen. Wer aber rechtzeitig mit den ersten frischen Bohnen auch das würzige Kraut ernten möchte, der ziehe sich die erste Aussaat im Frühbeet oder unter dem Folientunnel heran. Hier können die feinen Samen schon im April in die Erde gelegt werden. Mehrere Aussaaten lohnen sich, weil dieses Küchenkraut auch zu einem herbstlichen Eintopf hervorragend schmeckt.

Borretsch
(Borago officinalis)
Der Genuß von Borretsch macht fröhlich und kräftigt das Herz. Dieser Ansicht waren jedenfalls die alten Heilkundigen. Das saftige Kraut mit den haarigen Blättern und den himmelblauen Blüten ist eines der beliebtesten im Küchengarten. Es wächst überall, und wo es einmal heimisch war, da sät es sich immer wieder von selbst aus. Auf feuchten, nahrhaften Böden gedeiht der Borretsch besonders üppig. Im Gegensatz zu den vielen sonnenhungrigen Südländern auf dem Gewürzbeet verträgt er auch Halbschatten. Die großen Samenkörner des »Gurkenkrautes«, wie der Borretsch wegen seines frischen, gurkenähnlichen Geschmacks auch genannt wird, können im April im Freiland gesät werden. Unter guten, nahrhaften Bedingungen kann das Kraut leicht 50 bis 80 cm hoch wachsen. Geerntet werden immer nur die jungen, weichen Blätter, später werden sie hart und rauh.

Dill
(Anethum graveolens)
Das feingefiederte Kraut, das dem Fenchel ähnlich sieht, gehört zu den uralten Heil- und Gewürzpflanzen, die schon bei den Ägyptern, Griechen und Römern in hohem Ansehen standen. Viele Jahrhunderte lang benutzte man es als Mittel gegen Leibschmerzen und Blähungen. Im heutigen Kräutergarten ist der Dill ein anspruchsloses Gewächs, das in jedem Boden gedeiht. Nur

bei Trockenheit kann er leicht ein Opfer der Läuse werden. Ab April sät man ihn ins Freiland. Er eignet sich auch gut als Zwischenfrucht auf Gemüsebeeten. So kann man ihn zum Beispiel auch auf das Gurkenbeet säen. Ausgewachsener Dill kann bis zu einem Meter hoch werden. Außer den frischwürzigen Fiederblättchen erntet man auch die Samenstände, die beim Einmachen von Gurken Verwendung finden.

Kapuzinerkresse
(Tropaeolum majus)
Aus dem warmen Mexiko kam diese Pflanze in unsere Gärten, die vor allem als Zierblume geschätzt wird. Die Kapuzinerkresse ist aber auch ein vielseitiges Gewürzkraut. Blätter, Blüten, Knospen und Früchte können in der Feinschmeckerküche verwendet werden.
Die sehr frostempfindliche Pflanze darf erst Mitte Mai ins Freiland gesät werden. Vorher kann man die dicken Samenkörner aber schon im Frühbeet oder auf der Fensterbank in die Erde legen.
Die Kapuzinerkresse liebt kräftigen Boden und sonnige, windgeschützte Plätze. Man kann ihre Ranken gut am Gartenzaun hochleiten. Sie ist ein duftendes, farbenfrohes Kind des Sommers. Die erste kalte Herbstnacht macht ihrem Blühen ein jähes Ende.

Kerbel
(Anthriscus cerefolium)
Aus Südosteuropa kam der Kerbel in unsere Küchengärten. Er ist relativ anspruchslos, gedeiht aber in humosem Boden besser. Er braucht gleichmäßige Feuchtigkeit zum Wachsen. Je sonniger er steht, desto intensiver entwickelt sich sein Aroma. Kerbel kann schon ab März ins Freiland gesät werden. Wer seine kräftige, etwas süßliche Würze liebt, der sollte mehrere Aussaaten in Abständen planen. Das Kraut kann gut einen halben Meter hoch werden. Geerntet wird es aber früher, solange die Blätter noch frisch und weich sind.

Kresse
(Lepidium sativum)
Die grüne Gartenkresse wächst aus roten Samenkörnern. Sie keimt so schnell, daß man fast beim Wachsen zusehen kann. Kresse ist eines der anspruchslosesten Kräuter im Garten. Wertvoll ist sie vor allem durch ihren hohen Vitamin-C-Gehalt und durch die frühe Ernte. Man kann sie sehr gut mit den ersten Radieschen unter Folie aussäen. Ab Ende März gedeiht sie auch noch ohne Schwierigkeiten im Freiland.
Kresse muß jung und frisch geschnitten werden, sonst wird sie zu scharf im Geschmack. Bis Juni kann man sie in Abständen immer wieder auf ein freies Plätzchen aussäen. Dieses Vitaminkraut ist am leichtesten von allen Küchengewürzen im

Borretsch oder Gurkendoktor – das klassische Gewürzkraut zum Gurkensalat. Auch die blauen Blüten sind eßbar.

Winter auf der Fensterbank zu halten. Kresse wächst im Blumentopf ebenso unbekümmert wie in einem Suppenteller, dessen Boden mit feuchter Watte ausgelegt wurde.

Löffelkraut
(Cochlearia officinalis)
»Scharf, aber gut«, so charakterisiert ein altes Kräuter-Hausbuch das Löffelkraut. Die Pflanze mit den löffelartig geformten Blättern und dem beißend scharfen Geschmack ist ursprünglich an den Meeresküsten Nordeuropas zu Hause, wo sie an sumpfigen Stellen wild wächst. Schon den alten Seefahrern war der hohe Gesundheitswert dieses kleinen Krautes bekannt. Sie bekämpften damit den gefürchteten Skorbut. Heute wissen wir, daß der reiche Vitamin-C-Gehalt sich dabei auswirkte. Der strenge, kresseartige Geschmack wird durch ein schwefelhaltiges Öl hervorgerufen.
Im Garten gedeiht das Löffelkraut am besten an feuchten Stellen. Im Sommer muß man es durch regelmäßiges Gießen vor Trockenheit bewahren. Von März bis April oder von August bis September wird das zweijährige Gewürzkraut direkt an Ort und Stelle ausgesät. Einer der größten Vorteile des Löffelkrautes besteht darin, daß seine vitaminreichen Blätter das ganze Jahr über geerntet werden können. Sie bleiben auch im Winter unter Eis und Schnee grün. In der kalten Jahreszeit bedeutet die »Löffelkresse«, wie das Kraut auch genannt wird, eine der seltenen frischen Gartengaben für die Küche des Feinschmeckers.

Majoran
(Majorana hortensis)
»Frischer Majoran mit den Fingern ein wenig zerrieben und in die Naßloechlein gethan, machet niessen, zertheilet den Schnupfen und reiniget das Haupt.« So dachte man im Mittelalter. Heute verbindet man mit diesem Gewürzkraut eher Gedanken an Leberwurst und Gänsebraten.
Der Majoran stammt aus Südeuropa und Nordafrika. Er braucht leichten, humosen Boden, der sich gut erwärmt. Reifer Kompost ist die ideale Düngung für dieses Kraut. Daß es auch volle Sonne braucht, ist beinahe schon selbstverständlich für einen Gast aus dem Süden. Die Samen des einjährigen Majoran sind sehr fein. Sie dürfen nur ganz leicht mit Erde bedeckt und etwas angedrückt werden. Am besten hält man sie in den ersten Tagen mit einem nassen Sack feucht. Ab Anfang Mai kann auch im Freiland kein Kälteschaden mehr entstehen. Frühe Aussaaten dürfen nur unter Glas gemacht werden. Der Majoran wird 20 bis 30 cm hoch. Man erntet ihn, solange die Blütenknospen noch geschlossen sind.

Petersilie
(Petroselinum crispum)
Das bekannteste und am meisten benutzte von allen Küchenkräutern ist die Petersilie. Die Griechen und

die Römer schätzten sie ebenso sehr wie die Hausfrauen von heute. In den Gärten des Mittelalters baute man sie nicht nur zum Genuß, sondern auch wegen ihrer harntreibenden Wirkstoffe an. Ihr außerordentlich hoher Gehalt an Vitamin A und C macht sie zu einem besonders gesunden Würzvergnügen.
Bei der Petersilie muß man unterscheiden zwischen krausen und glattblättrigen Sorten und zwischen Blatt- und Wurzelpetersilie. Die krausen Sorten sind besonders beliebt, weil sie sich auch zur Dekoration von kalten Platten und Salaten gut eignen. Die glattblättrige Petersilie hat dafür ein kräftigeres Aroma, Feinschmecker ziehen sie deshalb oft vor. Ihr Nachteil: man kann sie leicht mit der wilden Hundspetersilie und dem Schierling verwechseln, die beide giftig sind!
Von der Wurzelpetersilie werden Laub und Wurzel verwendet. Die Petersilie ist nicht sehr kälteempfindlich und kann schon ab März ins Freiland gesät werden. Da sie sehr langsam keimt, sind ein paar Radieschenkörner zur Markierung der Reihen nützlich. Humusreiche, sandige Lehmböden behagen diesem Kraut mit der langen Pfahlwurzel am meisten. Kompost und organischer Dünger verbessern am besten ungünstigere Verhältnisse. Wer eine Reihe Petersilie in den Frühbeetkasten sät, kann im Winter unter dem schützenden Glas immer frische Vitamine ernten. Im Freiland schützt man die Petersilie mit Fichtenreisig. Wurzelpetersilie wird im Herbst in den Keller geholt und in feuchtem Sand eingeschlagen. Krause Petersilie kann man eintopfen und im Winter auf die Fensterbank stellen. Sie darf aber nicht zu warm stehen, sonst wird sie schnell ein Opfer der Läuse.

Pimpinelle
(Poterium sanguisorba)
Man nennt dieses frischwürzige Kraut auch Bibernelle oder kleiner Wiesenknopf. Es kann mehrjährig gehalten werden, aber die Pflanzen überaltern leicht oder frieren zurück. Nach zwei Jahren lohnt sich eine neue Aussaat. Die Pimpinelle wächst buschig und wird bis zu 40 cm hoch. Die gefiederten Blätter können vom Frühjahr bis zum Herbst geerntet werden. Im April sät man das Kraut direkt ins Freiland. Später brauchen die einzelnen Pflanzen einen Abstand von mindestens 20 cm. Pimpinelle wächst in jedem guten Gartenboden. Nur schwere, nasse Erde bekommt ihr nicht.

Portulak
(Portulaca oleracea)
Er stammt aus Vorderasien, ist aber schon lange bei uns heimisch. Seine dickfleischigen Blätter müssen jung geerntet werden, solange sie noch einen frisch-säuerlichen Geschmack haben. Portulak hat sehr feine Samen, die man im März ganz flach sät, leicht andrückt und kaum mit Erde bedeckt. Er muß aber gleichmäßig feucht gehalten werden. Das Kraut liebt lockeren Humus und ei-

nen freien, sonnigen Standort. Es wird 20 bis 30 cm hoch. Sobald es blüht, ist es für die Küche unbrauchbar.

Kräuter in Kübeln, Kästen und Blumentöpfen

Viele einjährige, aber auch einige ausdauernde Gewürzkräuter gedeihen willig im begrenzten Lebensraum eines Pflanzgefäßes. Sie werden dort nicht so groß und umfangreich wie im Freiland, aber zum Würzen liefern sie meist genügend frische Blätter. Natürlich muß man ein bißchen vorsichtiger und rücksichtsvoller mit ihnen umgehen als mit den Pflanzen auf dem großen Kräuterbeet. Man darf nie zu viele Zweige oder Blätter auf einmal abschneiden. Aber das ist eine Sache des Gefühls; feste Regeln gibt es nicht.

In Kübeln, Schalen und Balkonkästen gedeihen vor allem die einjährigen Kräuter: Petersilie, Kerbel, Kresse, Basilikum, Dill, Borretsch und Kapuzinerkresse. Einige Zeit halten es auch Zitronenmelisse, Estragon, Schnittlauch und Weinraute in den Gefäßen aus. Im Winter brauchen sie keinen Schutz, aber man muß bei frostfreiem Wetter ab und zu gießen, sonst vertrocknen sie.

In großen Blumentöpfen fühlen sich vor allem diejenigen Gewürzkräuter wohl, die im Freiland frostanfällig sind und daher vorsichtshalber im Herbst ins Haus geholt werden. Der Rosmarin kann zum Beispiel sehr gut als Zimmerpflanze gehalten werden. Er ist aber, wie alle Kräuter, dankbar dafür, wenn er den Sommer wenigstens auf der Außenfensterbank an der frischen Luft verbringen darf. Im Blumentopf gedeihen außerdem Thymian, Zitronenmelisse, Weinraute, Lavendel und Bergbohnenkraut.

Schnittlauch, Petersilie und Kresse sind schon altbekannte »Fensterbänkler«. Ein Versuch lohnt sich aber auch mit Portulak, Kerbel und vor allem mit Basilikum. Das duftende Königskraut wird auch in seinen südlichen Heimatländern gern als Topfpflanze gehalten. Mit einigem Fingerspitzengefühl und vorsichtigem Rückschnitt kann man es sogar ein ganzes Jahr am Leben erhalten.

Die verholzenden Staudengewürze – wie Rosmarin, Thymian, Lavendel und Bergbohnenkraut – brauchen im Winter einen kühlen, hellen Platz. In der Nähe der Heizung produzieren sie kraftlose, lange Wintertriebe und werden leicht von Ungeziefer befallen. Das Basilikum liebt dagegen die Wärme auch im Winter. Mittlere Temperaturen um 18 Grad sind vor allem für Schnittlauch und Petersilie ideal.

Kräuter in der Küche

Beim Würzen mit frischen Kräutern geht unbedingt das Probieren über das Studieren. Es ist besser, ein unbekanntes Blättchen erst einmal vorsichtig zu zerkauen, als einem guten Essen den falschen Pfiff zu geben. Man kann zwar die Kräuter in bestimmte Geschmacksgruppen einteilen, aber das Aroma fällt immer wieder verschieden aus. Es ist abhängig von heißen oder nassen Sommerwochen, von schweren oder leichten Böden, von Kompost oder anderen Düngemethoden. Die folgende Einteilung kann deshalb nur Anhaltspunkte geben, Richtlinien für Geschmäcker und Düfte, die jeder Koch schließlich doch selbst erschnuppern müssen.

Die Frischen und die Säuerlichen
Borretsch, Pimpinelle, Portulak, Dill, Sauerampfer und Zitronenmelisse; auch Schnittlauch gehört (mit leichter Einschränkung wegen des Zwiebelgeschmacks) in diese Gruppe.
Man kann sie alle miteinander kombinieren. Sie passen gut zu frischen Salaten, zu Quark, Eiern, kalten Soßen und grüner Dekoration. Vom Borretsch kann man sogar die Blüten essen. Dill ist außerdem das klassische Gewürz zu Fisch und Krabben.

Die Kräftigen und Charaktervollen
Petersilie, Kerbel, Estragon. Sie haben alle einen ziemlich durchdringenden, charakteristischen Eigengeschmack mit einem Anklang leichter Schärfe. Sie passen zu Salaten, Frühlingssuppen und Omletten. Mit frischer Petersilie bestreut man Kartoffel- und Gemüsegerichte. Estragon verfeinert Soßen und ist unentbehrlich für eingelegte Gurken und Kräuteressig.

Die Scharfen
Meerrettich, Kresse, Löffelkraut.
Sie haben von allen Gewürzkräutern im Garten die größte Schärfe. Aus frischgeriebenen Meerrettichwurzeln bereitet man die bekannte Meerrettichsahne (s. Rezepte) zu. Sie paßt vor allem zu gekochtem Rindfleisch. Roh geraspelter Meerrettich wird über Rumpsteaks gestreut.
Löffelkraut und Kresse haben einen ähnlichen, etwas beißend scharfen Geschmack. Sie passen zu Frühlingssalaten, Quarkbroten, Eiern und leichten Yoghurtsoßen.

Die Starkwürzigen
Thymian, Majoran, Bohnenkraut, Bergbohnenkraut, Liebstöckel, Beifuß, Salbei, Rosmarin, Pfefferminze.
Sie passen vor allem zu Fleischgerichten und Suppen, aber auch zu würzigen Gemüsekompositionen. Tomaten, Paprika, Zucchini und Zwiebeln vertragen gut ein kräftiges Gewürzsträußchen aus dieser Gruppe. Bohnen und Bohnenkraut sind eine klassische Kombination.

Die Besonderen
Die Weinraute: sie schmeckt stark würzig mit bitterscharfem Nachklang. Man darf nur wenige Blättchen verwenden. Sie geben Salaten und Soßen einen aparten Beigeschmack.
Der Ysop: ist sehr kräftig aromatisch, dabei aber ein wenig herb und leicht bitter. Er sollte ganz nach persönlichem Geschmack in gerin-

gen Mengen verwendet werden. Salate, Soßen, Suppen, aber auch Fleisch- und Gemüsegerichte erhalten durch dieses Kraut eine etwas fremdartige, exotische Note.

Die Eberraute: sie schmeckt intensiv nach Zitrone, aber viel strenger als die Melisse. Ein einziger kleiner Zweig verwandelt den gewohnten Geschmack von Salaten und Soßen vollkommen.

Das Basilikum: hat ein feuriges, ganz leicht pfeffriges Aroma. Es paßt hervorragend mit Zitronenmelisse zusammen. In jeder Kombination dominiert es. Man sollte es nicht zur Allerweltsbeigabe degradieren, sondern nur dort verwenden, wo es sich individuell entfalten kann. Es paßt gut zu Tomaten und südländischen Gemüsearten.

Die Kapuzinerkresse: sie schmeckt in allen Teilen stark aromatisch, scharf und etwas süßlich. Sie paßt zu Salaten mit exotischem Flair. Junge Blütenknospen und grüne unreife Früchte kann man wie Kapern in Essig oder Salzlake einlegen.

Der unschätzbare Vorteil eines Kräutergärtchens ist die frische Ernte. Vom Schnitt bis zum Verbrauch darf nicht einmal eine Stunde vergehen. Solange die Natur es erlaubt, sollte man diesen grünen Segen nützen. Manche Gewürzkräuter kann man auch im Winter ernten, wenn man sie ins Haus holt. Einige eignen sich zum Einfrieren. Mit Petersilie, Schnittlauch, Dill und Borretsch kann man diesen Versuch machen, aber das wirkliche Aroma bleibt dabei nie erhalten.

Die ausgesprochenen Trocken-Kräuter behalten dagegen ihre Würzkraft und ihren Duft. Salbei, Thymian, Majoran, Bohnenkraut, Liebstöckel, Pfefferminze und Sellerieblätter schneidet man in der vollen sommerlichen Reife, trocknet sie im Schatten und bewahrt sie dann in festverschlossenen Gläsern auf.

Die Versuche, auch Dill, Estragon und Basilikum zu trocknen, sind zwar weit verbreitet, aber wenig erfolgreich. Das Ergebnis hat meist eine fatale Ähnlichkeit mit Heu.

Kräutergärtner und Feinschmecker sollten sich lieber auf Gewürze im Blumentopf spezialisieren. Dort bleibt wenigstens ein Hauch jener unvergleichlichen Duftwolken erhalten, wie sie an warmen Sommernachmittagen über das Kräuterbeet ziehen. Es sind die Wohlgerüche Arabiens und Europas, die die einfachsten Gerichte in hinreißende Delikatessen verwandeln können.

Rezepte

Grüne Soße

Sie war Goethes Leibgericht und gilt auch heute noch als Frankfurter Spezialität. Wahrscheinlich haben die Römer sie uns übermittelt: sie ist mit der *Salsa verde* der Italiener identisch. Es gibt kein Standardrezept, doch gehören traditionell mindestens sieben Kräuter dazu: Petersilie, Borretsch, Schnittlauch, Dill, Kerbel, Sauerampfer, Kresse und Pimpinelle. Nach persönlichem Geschmack und Vorrat kann man natürlich variieren; wichtig ist, daß die Kräuter nicht mit dem Mixer, sondern von Hand möglichst fein geschnitten werden.

Dann vermengt man etwa 6 Eßlöffel Kräuter mit 125 g Mayonnaise (die man nach Wunsch durch einen Becher Joghurt leichter machen kann), gibt Salz, Pfeffer und zwei oder drei gehackte Eier hinzu und läßt die Soße mindestens eine Stunde durchziehen. In Frankfurt serviert man sie zu gekochtem Rindfleisch, sie paßt aber auch zu harten Eiern, Tomaten, Gurken, Artischocken, Radieschen – und zu schlichten Pellkartoffeln.

Römische Salbei-Schnitzel (Saltimbocca)

Zwischen zwei sehr dünne Kalbsschnitzel legt man eine Scheibe rohen, mageren Schinken und zwei frische Salbeiblätter. Dann werden die Fleischhälften mit hölzernen Zahnstochern zusammengehalten und außen mit Salz, Pfeffer und einem Hauch Knoblauch gewürzt. Man brät sie rasch in heißer Butter gar, nimmt sie aus der Pfanne und legt sie auf eine vorgewärmte Platte. Den Bratenfond kocht man mit Weißwein oder Marsala auf und gießt ihn über die Schnitzel. Manche Feinschmecker behaupten, dies seien die delikatesten Schnitzel der Welt.

Kräuter-Röllchen

Magere, sehr dünn geschnittene Schweinefleischscheiben werden abwechselnd mit Thymianzweigen, Rosmarin, Salbei und wenigen Blättchen Ysop gefüllt, zusammengerollt und festgesteckt. Man brät sie in heißem Pflanzenöl an, würzt sie mit Salz, Pfeffer und Knoblauch und löscht den Sud mit trockenem Weißwein. Später gibt man noch etwas Wasser zu und läßt die Fleischröllchen auf kleiner Flamme gardünsten. Kurz vor dem Servieren wird die Soße mit wenig Mehl gebunden und noch einmal mit einem Schuß Sherry abgeschmeckt.

Diese so würzig-delikaten Kräuter-Röllchen passen zu vielen Beigaben, zum Beispiel zu Reis, zu Risi e Bisi, zu Kartoffelpüree und auch zu frischem, knusprigem Knoblauchbrot.

Tomatensoße mit Basilikum
Frische Tomaten werden enthäutet, zerschnitten und mit einer Knoblauchzehe in Olivenöl weichgedünstet. Gewürzt wird mit Salz, Paprika und einer Prise Zucker. Zum Schluß streicht man die Soße durch ein feines Sieb, erwärmt sie noch einmal kurz und verfeinert sie mit einer Tasse voll frischer Sahne.
Erst kurz vor dem Servieren wird feingewiegtes Basilikum unter die Tomatensoße gerührt. Ein Schälchen voll kleingeschnittene Basilikumblätter wird zusätzlich auf den Tisch gestellt. Man streut sie beim Essen frisch über die Speisen. Diese aromatische Soße paßt zu Reis, Nudeln, zu Kartoffelpüree, Braten und Aufläufen.

Kapuzinerkresse-Salat
In eine Salat-Marinade aus Pflanzenöl, Zitronensaft oder Weinessig, Salz, Pfeffer und einem Hauch Knoblauch gibt man die zarten grünen Blätter und eine Handvoll Blüten der Kapuzinerkresse. Man kann diesen aparten, exotischen Salat auch mit frischem grünem Kopfsalat mischen.

Aal in Salbei
Den gut gereinigten Aal in Stücke schneiden und mit Zitronensaft beträufeln. Mit Salz einreiben und mit gewaschenen, wieder abgetrockneten Salbeiblättern umwickeln. In Butter oder Margarine von allen Seiten anbraten und zugedeckt gar werden lassen. Die Blätter entfernen und mit Zitronenschnitzeln umlegt servieren.

Kräuterbutter
Eine Portion Butter wird leicht gesalzen und dann mit sehr fein gewiegten frischen Kräutern zerknetet. Die Kombination der Kräuter hängt ganz vom Verwendungszweck ab. So kann man zum Beispiel für Pfeffersteaks eine Kräuterbutter mit kräftig-würzigem Thymian und Salbei herstellen.
Für zartere Gerichte eignet sich eine Mischung aus Estragon, Melisse, Petersilie, Dill und Portulak. Sehr apart und etwas gewagt ist die Verwendung von Ysop, Weinraute und Eberraute in der Kräuterbutter. Knoblauch kann – nach Geschmack – immer mit den übrigen Zutaten vermischt werden. Kräuterbutter wird nie mitgekocht. Man läßt sie ganz zum Schluß über einem fertigen, heißen Gericht sanft zerlaufen.

Frische Meerrettich-Sahne
Gut gekühlte Sahne steif schlagen. Frisch geriebenen Meerrettich mit Salz und Zucker mischen und unter die Sahne heben. Das paßt zu geräuchertem Fisch (Lachs, Forelle), gekochtem Rindfleisch oder kaltem Braten. Ebensogut ist auch eine Apfel-Meerrettich-Sahne. Dazu mischt man noch geschälte, feingeriebene Äpfel unter die Sahne.

14

Früchte zum Dessert: Rhabarber und Erdbeeren

Auf dem Tisch des Feinschmeckers darf ein delikates Dessert nicht fehlen. Aber auch Gemüsegärtner verbergen oft in einer heimlichen Herzensfalte den Wunsch nach »süßer Versuchung« inmitten der nützlichen Kulturen. Manchmal mag es auch eine sonnendurchwärmte Kindheitserinnerung sein, die den Entschluß reifen läßt, ein eigenes Erdbeerbeet anzulegen und einen Rhabarberbusch zu pflanzen.

Auch mir zergeht noch heute der Geschmack von Großmutters Erdbeeren auf der Zunge. Sie waren nur mittelgroß, durch und durch dunkelrot, manchmal sogar fast schwärzlich gefärbt und von einer betörenden Süße. Ob es dafür einen Sortennamen gab, weiß ich nicht mehr zu sagen. Man nannte sie damals allgemein Ananaserdbeeren. Am besten schmeckten sie, an einem warmen Nachmittag gepflückt, frisch aus der Hand. Als Kind entfernte ich nur vorsichtig die Spuren trockener Erde von den duftenden Früchten und biß hinein. Kein Wassertropfen kühlte die roten Beeren ab, die sich so warm anfühlten, als hätten sie die Sonnenglut des Tages in sich hineingesogen. Und genauso schmeckten sie auch: warm und süß wie das Herz des Sommers. Nie sind Erdbeeren ein größerer Genuß als im Vorübergehen.

Mit dem Aroma dieses Edelobstes verhält es sich übrigens ähnlich wie mit den Tomaten. Gekaufte Früchte schmecken oft nur nach Wasser. Die Süße und die feine Fruchtsäure gehen verloren – irgendwo auf dem langen Weg zwischen den Erdbeerplantagen und dem Supermarkt. Schuld daran sind wahrscheinlich die Anbaumethoden, der Ehrgeiz, möglichst riesige Früchte zu erzielen, und der frühe Erntetermin, der wegen des Transportes zwangsläufig vor dem Höhepunkt der Reife liegen muß. Für Feinschmecker lohnen sich ein paar Erdbeerreihen im eigenen Garten deshalb immer. Nirgendwo sonst kann man so süße, aromatische und vollausgereifte Erdbeeren bekommen.

Auch der Rhabarber liefert einen begehrten Nachtisch. Im Frühjahr, zu einer Zeit, in der frisches Obst Mangelware ist, können die Stiele dieser Riesenstaude schon geerntet werden. Als Kinder – in Großmutters Garten – setzten wir uns die großen grünen Blätter als Hüte auf und knabberten die rötlichgrünen Stangen roh aus der Hand.

Rhabarber

Die kraftvolle Staude aus der Familie der Knöterichgewächse stammt aus Asien. In der alten chinesischen Medizin wurden die Rhabarberwurzeln getrocknet, gemahlen und zu Pillen gedreht. Sie waren ein beliebtes Allheilmittel, das vor allem abführende Eigenschaften entfaltete. Gärtner und Feinschmecker legen aber mehr Wert auf die oberirdischen Pflanzenteile. Die Stengel schmecken erfrischend säuerlich. Sie enthalten verschiedene Fruchtsäuren, wie Apfel-, Zitronen- und Essigsäure. Auch Oxalsäure ist vorhanden, aber in einer Form, die bei normalem Verbrauch völlig unbedenklich ist.

Eine so mächtige Pflanze braucht natürlich im Garten reichlich Platz und kräftige Ernährung. Etwas Halbschatten verträgt sie ohne weiteres, solange der Boden genügend Feuchtigkeit enthält. Der Abstand zwischen den Pflanzen sollte einen Meter betragen. Die Pflanzgrube wird mit Kompost und möglichst auch mit gut verrottetem Mist versorgt.

Der Rhabarber kann, wie die meisten Stauden, im Frühling oder im Herbst gepflanzt werden. Aber erst im zweiten Jahr sollte man mit der Ernte beginnen, damit die jungen Pflanzen nicht zu sehr geschwächt werden. Im Liebhabergarten verwendet man heute nur noch die rotstieligen Sorten. Ihre Erträge sind zwar nicht ganz so hoch wie die mit grünen Stengeln, aber sie haben eine mildere Säure und ein feineres Aroma. »Holsteiner Blut« und »Vierländerblut« sind empfehlenswerte Sorten.

Bei der Rhabarberernte muß man darauf achten, daß die Stengel nicht abgeschnitten, sondern am Wurzelhals herausgedreht werden. Man sollte nie zu viele auf einmal nehmen, damit die Pflanze nicht überfordert wird. Blütenansätze werden während der Erntezeit immer sofort abgeschnitten.

Wer zeitig im Februar, wenn der Rhabarber die ersten Triebknospen aus der Erde schiebt, einen Eimer oder ein Faß über die Pflanzen stülpt, der kann für kurze Zeit ein schnelleres Wachstum erreichen. Mit etwas Glück wird er schon Ende März oder Anfang April mit den ersten Rhabarberstangen belohnt.

Nach der Ernte, etwa Ende Juni, brauchen die Stauden dringend Erholung und neue Nährstoffe. Eine Pflanzenjauche mit reichlich aufgelöstem Guano ist dann angebracht. Während des ganzen Jahres ist der Rhabarber für eine Mulchdecke dankbar, die den Boden ringsum feucht und locker hält. Er kann, wenn er gut versorgt wird, viele Jahre am gleichen Platz aushalten.

Erdbeeren

Die Pflanzen mit den süßen roten Früchten stammen aus der Familie der Rosengewächse. In Europa gab es sie lange Zeit nur in der Form der kleinen aromatischen Wald- und Wilderdbeeren. Erst 1623 gelangte die nordamerikanische Scharlacherdbeere zum erstenmal nach Frankreich. Sie ist wohlschmekkend, aber nicht besonders groß. 1712 kam die Chile-Erdbeere hinzu, die sehr viel größere, aber nicht besonders aromatische Früchte hat. Aus vielfachen Kreuzungen dieser internationalen Wildfrüchte entstanden mit der Zeit unsere Kultur- und Gartensorten. Auch heute noch kann man dieses Erbgut gelegentlich herausschmecken. Manche Erdbeersorten sind besonders großfrüchtig, aber weniger aromatisch. Andere verzichten auf Rekordumfang, haben es dafür aber »in sich« und sie überzeugen den Feinschmecker durch ihr Aroma.

Unsere Gartenerdbeeren haben aber außer dem Wohlgeschmack auch noch andere wertvolle Inhaltsstoffe zu bieten. Sie enthalten mehr Vitamin C als Zitronen, außerdem verschiedene Fruchtsäuren und viele Mineralsalze wie Kalzium, Kalium, Magnesium, Eisen, Phosphor, Brom, Jod und Silizium. Die roten Delikateßfrüchte sind nicht nur eine Gaumenfreude, sondern auch eine Wohltat für das »Innenleben«. Sie wirken harntreibend und entschlakkend und sind sogar für Diabetiker ein ungefährlicher Genuß. Manche Menschen sind allerdings trotz all dieser guten Eigenschaften allergisch gegen Erdbeeren. Ihnen bleibt leider nichts anderes übrig, als auf diese süßen Früchte zu verzichten.

Das Erdbeerbeet im Garten braucht einen sonnigen Platz und muß gut vorbereitet werden. Dabei sollte dem Gärtner immer das Bild der Walderdbeeren vorschweben, die in bestem duftendem Humus zu Hause sind. Bodenlockerung und anschließend eine reichliche Kompostversorgung sind die richtige Vorbereitung für das Erdbeerbeet. Da die Pflanzen einen leicht sauren Boden lieben, ist es gut, wenn man auch noch Torf untermischt. Gegen Kalk und Salze sind sie ähnlich empfindlich wie Moorbeetpflanzen. Organischer Dünger bedeutet also für Erdbeeren die beste Nahrung. Je intensiver allerdings die Kompostverwendung ist, desto weniger zusätzliche Nährstoffe sind erforderlich.

Die günstigste Pflanzzeit liegt in den Monaten August und September, also nach der Ernte. Manche Gärtner pflanzen deshalb im Frühling noch Frühkartoffeln auf das Beet. Sie nutzen dabei auch den Vorteil, daß die Erdäpfel immer besonders lockeren Boden hinterlassen.

Für die erste Erdbeerpflanzung sollte man sich unbedingt eine anerkannte Zuchtsorte beim Gärtner oder aus einer Spezialkultur besorgen. Später kann man seine Bestände leicht eine Zeitlang selbst vermehren und eigene Ableger großziehen. Es gibt allerdings etliche geschützte Sorten, bei denen die unkontrollierte Vermehrung verboten ist. Für den privaten Gebrauch gilt diese Bestimmung nicht. Handel treiben darf man aber mit diesen Zuchtsorten nicht – auch nicht über den Gartenzaun! Auf einem Normalbeet von 1,20 m Breite haben nur zwei Reihen Erdbeeren Platz. Zwischen den einzelnen Pflanzen müssen 25 cm Abstand eingehalten werden. Erdbeeren brauchen Licht und Luft, damit die Früchte sich gut entwickeln können und damit sie nicht faulen. Eine leichte Mulchdecke zwischen den Reihen hält die Erde locker, feucht und humos. Sie macht auch das Unkrautjäten und -hacken weitgehend überflüssig. Das ist deshalb besonders wichtig, weil Erdbeeren flachwachsende Seitenwurzeln haben, die durch Bodenbearbeitung leicht zerstört werden können.

Im ersten Sommer bringen die Pflanzen nur eine Kostprobe. Die reichste Ernte fällt in das zweite und dritte Jahr. Danach läßt ihre Kraft nach und es ist besser, ein neues Erdbeerbeet anzulegen. Man markiert schon während der Reifezeit die »Mutterpflanzen«, die am besten tragen, mit kleinen Stäben. Von ihnen nimmt man dann die Ranken ab. Wenn die Ableger schon gut bewurzelt sind, kann man sie gleich in Reih und Glied auf das neue Beet pflanzen. Sind die Pflänzchen aber noch nicht kräftig genug, bringt man sie zuerst auf ein kleines Extrabeet in eine Art »Kindergarten«, wo sie feucht und schattig gehalten werden, bis sie einen kräftigen Wurzelballen gebildet haben.

Auf dem Hauptbeet müssen die Ranken, die sich jedes Jahr während und nach der Erdbeerernte bilden, immer sorgfältig entfernt werden, weil sie die Pflanzen nur Kraft kosten.

Manche der Hobbygärtner schwören darauf, daß Erdbeeren auf kleinen Hügeln – ähnlich wie Gurken – besonders gut gedeihen. Andere legen den Boden des Beetes mit schwarzer Plastikfolie aus, die die Erde wärmt und Ungeziefer abhält. Auf dieser Unterlage werden die Früchte bei Regen auch nicht mit Erde bespritzt. Wieder andere Experimentierer im grünen Gartenreich lassen die Erdbeeren auf einem großen Hügelbeet wachsen, das von ihnen ganz und gar eingesponnen wird. Sie sollen dort sehr üppig gedeihen und reich tragen. Ich habe diese Kulturform mit Erdbeeren noch nicht ausprobiert, aber nach meinen guten Erfahrungen mit Tomaten kann ich mir vorstellen, daß sie funktioniert. Solche Vorschläge muß jeder, der neugierig ist und Spaß daran hat, selbst erproben. Die Erfahrungen werden sich wahrscheinlich nicht immer genau decken, weil Bodenunterschiede und Klimaverhältnisse dabei eine Rolle spielen. Aber Garten und Küche sind ja auch Spielwiesen für die

Monatserdbeeren bilden keine Ranken und tragen von Juni bis Oktober immer neue Früchte. Ihr Aroma ähnelt dem der Walderdbeeren.

Phantasie. Und deshalb ist es gut, daß es weder für Erdbeerbeete noch für Lieblingsspeisen unumstößliche Patentrezepte gibt. Die Einhaltung der Grundregeln ist zwar wichtig, aber eigene Beobachtung und vom Gefühl geleitete Experimente haben auch ihren Wert.

So ist auch die Auswahl der Erdbeersorten für den Liebhabergarten sicher sehr vom persönlichen Geschmack bestimmt. Das Angebot auf dem Markt ist außerdem so groß, daß nur einige bewährte Namen als Anhaltspunkte genannt werden können. Die Sorte »Senga sengana« ist weltweit verbreitet, ziemlich robust und wächst auch unter weniger günstigen Verhältnissen. Sie reift mittelfrüh, hat relativ große Früchte und eignet sich zum Einmachen.

Ein besonders feines Aroma hat »Macherauchs Marieva«.

Außer diesen normaltragenden Erdbeeren gibt es noch zwei Besonderheiten, deren Anwesenheit als süße Gäste im Gemüsegarten sich besonders lohnt. Es sind die öfter tragenden Erdbeersorten und die Monatserdbeeren. »Ostara« ist zum Beispiel eine gute Sorte, die im Sommer Früchte bringt und im Herbst noch einmal reife Erdbeeren beschert. Zu solch ungewohnter, später Jahreszeit sind sie natürlich eine ganz besondere Delikatesse.

Beste Erfahrungen habe ich auch mit den kleinen Monatserdbeeren gemacht, die mit den Walderdbeeren noch nah verwandt sind und ein besonderes würziges Aroma haben. Diese zierlichen Erdbeeren kann man leicht aus Samen ziehen. Die Sorte »Rügen« ist nach wie vor eine der besten. Man bekommt sie auch überall zu kaufen. Ab Mitte März sät man die feinen Samen in eine Schale und läßt sie, nur dünn mit Erde bedeckt, auf einer warmen Fensterbank keimen. Die winzigen Pflänzchen werden am besten in Torftöpfen pikiert und können dann im Mai ins Freiland gesetzt werden.

Monatserdbeeren wachsen als kleine runde Büsche und bilden keine Ranken. Man kann sie deshalb gut als Beeteinfassung verwenden oder am Gartenweg entlang pflanzen. Sie sollten immer gut erreichbar sein, denn sie tragen von Juni bis Oktober unentwegt hagebuttengroße Früchte, die zum Naschen im Vorübergehen verlocken.

Die Mini-Erdbeeren bringen natürlich nie große Ernten, aber sie eignen sich vorzüglich für süße Überraschungen. Kleine Erdbeertörtchen oder ein frischer süßer Nachtisch lassen sich ganz schnell und immer wieder daraus zaubern. Wenn der Herbst warm ist, liefern sie noch im Oktober die Zutaten zu einer Erdbeerbowle. Mit solchen kulinarischen Kunststücken kann sicher nicht jeder Feinschmecker aufwarten!

Die größte Freude machen die kleinen Monatserdbeeren aber den Kindern. Sie verführen ja gerade zum Naschen. Und davon sollte man auch niemanden abhalten, denn sie eignen sich nur zum frischen Verzehr. So werden auch die Kinder von heute in späteren Jahren ihre süßen Erdbeer-Erinnerungen haben – so wie ich und mancher andere sie aus Großmutters Garten bewahrt hat.

Rezepte

Erdbeeren zum Dessert
Erdbeeren schmecken am besten frisch geerntet. Sie werden vorsichtig gewaschen und entstielt. Kleine Früchte läßt man ganz, große werden geteilt. Mit wenig Zucker gemischt, entfalten sie ihr volles Aroma. Flüssige Sahne ist die ideale sanfte Ergänzung zum süßsäuerlichen Erdbeergeschmack.

Rhabarber-Marmelade mit Erdbeeren
Süße Erdbeeren und saurer Rhabarber ergeben zusammen eingekocht eine harmonische Geschmackskombination. Man nimmt auf 1 kg Obst 750 g Zukker. Die gewaschenen und zerschnittenen Früchte werden mit dem Zucker zusammen unter ständigem Rühren auf kleiner Flamme aufgekocht. Dieses geschieht so lange, bis der Saft eingedickt ist und die Marmelade eine breiige Masse bildet. Dann wird sie in heiß ausgespülte Gläser gefüllt. Nach dem Erkalten deckt man sie mit Klarsichtblättchen ab, die in hochprozentigen Rum oder Kognak getaucht wurden, und bindet die Gläser zu.

Rhabarber-Kompott
Rhabarber waschen, schälen und in 3 bis 4 cm lange Stücke schneiden. Mit ausreichend Zukker vermischen und mit ganz wenig Wasser langsam garkochen. Die Stücke sollten nicht zerfallen.

15

Ein kleines Stück vom Paradies: Obstbäume und Beerenobst

Es ist sicher kein Zufall, daß Großmutters großer alter Apfelbaum mir wie das blühende Siegel auf dem Gartentraum der Kindheit in Erinnerung blieb. Ein Apfelbaum war auch das Kennzeichen des Paradiesgartens. Diese ehrfurchtgebietenden, knorrigen Gestalten prägen ihre Umgebung und bilden markante Schwerpunkte im Lauf der Jahreszeiten. Blühende Obstbäume verzaubern den Frühling. Ihre Früchte sind Symbole der üppigen duftenden Reife im Hochsommer und im Herbst. Und im Winter zeichnen ihre kahlen Äste geheimnisvolle Linien auf den kalten, klaren Himmel – wie Hieroglyphen des uralten Lebens auf dieser Erde. Jahrzehnte braucht ein Obstbaum, bis er so stark, so fruchtbar und so charaktervoll herangewachsen ist. Alte Bäume sind wie große Weise, man kann lange Gespräche mit ihnen führen und man kann mindestens ebenso lange schweigend neben ihnen sitzen.

Aber große alte Baum-Persönlichkeiten wie der Boskop hinter Großmutters Haus haben in den meisten Gärten heute keinen Platz mehr. Wir müssen in engeren und bescheideneren Freiräumen leben als unsere Vorfahren. Dennoch: ein Garten ganz ohne Baum und Strauch ist eine seltsam platte, beinahe seelenlose Angelegenheit. Und der alte Traum vom eigenen Apfelbaum scheint auch so unausrottbar zu sein wie die Hoffnung auf zukünftige Paradiese. Natürlich würde ein mächtiger Hochstamm einen kleinen Nutzgarten völlig erdrücken, allen anderen Kulturen Licht und Wurzelraum fortnehmen. Man muß eben aus der Not eine Tugend machen und Bäume und Sträucher so auswählen, daß sie auch auf einem kleinen Grundstück Platz finden, ohne die Gemüsenachbarn zu bedrängen.

Johannisbeeren, Stachelbeeren und Spindelbüsche verschiedener Apfel- und Birnensorten kann man fast überall noch anpflanzen. Kirschbäume, Aprikosen, Pflaumen, Pfirsiche und Nüsse wachsen meist nur hochstämmig und bilden mehr oder weniger breite Kronen. Deshalb müssen sie hier leider beiseite gelassen werden. Wer außer dem Gemüsegarten noch ein Stück freie Wiese sein eigen nennt, der kann es auch mit diesen herrlichen Obstarten versuchen. Im kleinen Hausgarten müssen wir uns beschränken, um den Tisch des Feinschmeckers wenigstens mit einigen Kostproben aus dem eigenen Früchteparadies zu versorgen.

Äpfel

Wilde Holzapfelbäumchen – aus der großen Familie der Rosengewächse – wachsen bei uns seit undenklichen Zeiten fast überall in freier Natur. Sogar innerhalb jungsteinzeitlicher Pfahlbauten fanden die Archäologen schon Apfelreste. Von Adam und Eva führen ihre Spuren durch viele Kulturen bis zu Griechen, Römern und Germanen. Überall waren die Früchte beliebt und begehrt als Ergänzung des Speisezettels. Unsere heutigen Zuchtformen sind viel größer und wohlschmeckender als die Wildäpfel. Sie haben saftiges, aromatisches Fruchtfleisch und enthalten eine Fülle wertvoller Inhaltsstoffe: Fruchtsäuren, die Vitamine A, B_6 und C sowie wichtige Mineralien wie Kalzium und Phosphor. Äpfel sind ein besonders gesunder Genuß, und ganz nebenbei regulieren sie auch noch die Verdauung.

Alle modernen Zuchtformen sind veredelt. Sie wachsen auf bestimmten Unterlagen, deren Kenntnis eine Wissenschaft für sich ist. Die Veredelungsstelle, die als deutlicher Wulst am Fuß des Stammes erkennbar ist, darf beim Pflanzen nie unter die Erde kommen, sonst überwächst die Unterlage die Veredelung. Apfelbäume gedeihen am besten in einem etwas lehmigen, aber humusreichen und durchlässigen Boden. Sie brauchen gleichmäßige Feuchtigkeit, sowohl im Erdreich als auch in der Luft. Wo Wasser in der Umgebung vorhanden ist, da fühlen sich Apfelbäume besonders wohl. Trockene Südhänge eignen sich nicht für die Kultur der saftigen Paradiesfrüchte.

Ein Apfelbaum gedeiht aber nur ungern allein. Er braucht Gesellschaft, um fruchtbar zu sein, denn die meisten Sorten benötigen Fremdbestäubung. Wer Äpfel ernten möchte, der muß also mindestens zwei Bäume von verschiedener Sorte pflanzen. Im kleinen Hausgarten entscheidet man sich am besten für die Form der Spindelbüsche, die im Durchschnitt höchstens drei Meter hoch werden und einen Kronendurchmesser von einem Meter haben. Aber diese Maßangaben sind durchaus keine Garantie. Man kann auch bei kleinen Baumformen die tollsten Überraschungen erleben, wenn aus irgendwelchen Gründen plötzlich das Temperament mit ihnen durchgeht. Das wichtigste Hilfsmittel, um »vernünftiges« Wachstum und reichen Fruchtbehang zu erreichen, ist ein guter Schnitt. Ein Baum muß wie ein Kind erzogen werden. Die ersten Jahre sind dabei die wichtig-

sten. Was man in dieser Zeit richtig oder falsch macht, prägt sich in Charaktermerkmalen aus, die ihm später nicht mehr abzugewöhnen sind.
Für den Schnitt aber gibt es keine unumstößlichen Gesetze wie in der Mathematik. In vielen klugen Büchern haben ausgezeichnete Fachleute die Kunst des Schneidens beschrieben und in Schemazeichnungen dargestellt. Aber wenn man nach sorgfältigem Studium dieser Anleitungen, bewaffnet mit Gartenschere und Theorie, vor seinem Apfelbaum steht, dann sieht plötzlich alles ganz anders aus. Seine Ästemuster stimmen leider überhaupt nicht mit den Lehrbildern überein. Dieser unverbesserliche Individualist wächst wie er will und führt den Anfänger an der Nase herum.
Der beste Rat für den Schnitt von Obstbäumen besteht deshalb darin, sich einen lebendigen Lehrmeister zu suchen. Die Anfangskenntnisse muß man in der Praxis lernen. Tüchtige Obstgärtner gibt es überall, und die örtlichen Gartenbau-Vereine vermitteln gern ihre Namen. Erst nach einer solchen anschaulichen Einführung helfen auch die Spezialbücher weiter. Hinzu kommen die eigenen Beobachtungen, die man im Laufe der Jahre macht. Man bekommt einen Blick dafür, wie die Krone aufgebaut sein sollte, wo störende Äste nachwachsen und welche Knospen Blüten für das nächste Jahr versprechen. Darum hier nur die allereinfachsten Regeln für den Schnitt:
Vor der Pflanzung wird der kleine Apfelbaum ziemlich kräftig zurückgeschnitten. Den Haupt- und Mitteltrieb kürzt man auf etwa 40 cm Länge ein und die Seitentriebe auf etwa 20 bis 25 cm. Die schwächsten Triebe werden dabei am stärksten eingekürzt. Wichtig ist, daß man immer auf ein nach außen und nach unten weisendes Auge schneidet. Man muß sich dabei vorstellen, wie der Baum an dieser Stelle neu austreiben und in welche Richtung der Zweig wachsen wird. Alles was nach innen treibt, ist ungut und muß entfernt werden. Das System der Äste muß nach außen gerichtet sein, der Baum streckt gewissermaßen die Arme aus. So bleibt die Krone im Inneren frei und luftig. Das ist wichtig für die Entwicklung gesunder Früchte.
Junge Bäume, die einen längeren Transport hinter sich haben, müssen einige Stunden ausgiebig gewässert werden. Inzwischen kann man die Pflanzgrube vorbereiten. Sie sollte reichlich groß bemessen sein. Kompost und Hornspäne werden darin mit der vorhandenen Erde gemischt. Seitlich, etwas entfernt vom Stamm, schlägt man einen kräftigen Pfahl in den Boden. Daran wird das Apfelbäumchen nach der Pflanzung vorsichtig festgebunden mit Hanfstricken oder Spezial-Plastikbändern. Sie dürfen nicht scheuern und nicht einschneiden. Während das Pflanzloch nach und nach mit Erde gefüllt wird, rüttelt man das Bäumchen ein paarmal und tritt den Boden immer wieder mit den Garten-

stiefeln fest. So bekommen die Wurzeln engen Kontakt mit der Erde, und das Anwachsen wird erleichtert. Zum Schluß muß sehr reichlich gegossen werden.
Apfelbäume wurzeln flach. Unter ihren Kronen sollte deshalb möglichst wenig gehackt und gar nicht gegraben werden. Am besten bewährt sich eine Abdeckung der Baumscheiben mit Kompost. Darüber breitet man eine Mulchschicht aus, die unter anderem auch für die von Apfelbäumen so geschätzte Bodenfeuchtigkeit sorgt. An heißen Tagen muß man trotzdem zusätzlich Wasser geben, sonst greift der Baum zur Selbsthilfe und wirft die Früchte ab, die er nicht mehr ernähren kann. Im Herbst kann man die an sich schon fruchtbare, humusreiche Bodendecke noch mit etwas organischem Dünger vermischen.
Krankheiten der Obstbäume verhindert man am besten durch die ständige Versorgung mit Kompost und durch die richtige Auswahl. Mit empfindlichen Sorten sollte man in rauhem Klima gar nicht erst experimentieren. Man erntet davon kein gutes Obst, aber um so mehr Enttäuschungen. Am besten läßt man sich in einer guten heimischen Baumschule beraten, welche Sorten an Ort und Stelle am besten gedeihen. Auch über empfehlenswerte Pollenspender wird man dort Auskunft bekommen. Die folgende Auswahl zeigt nur einen kleinen Ausschnitt aus dem reichen Angebot beliebter und bewährter Apfelsorten:
»Klarapfel« und »Stark Earliest« sind frühe Sorten, die schon im Sommer geerntet werden. »James Grieve« reift im Herbst. Späte Sorten, die im Winter gelagert werden können, sind »Cox Orangen Renette«, »Geheimrat Oldenburg«, »Berlepsch«, »Goldparmäne«, »Gravensteiner«, »Jonathan« und »Ontario«. Mit Ausnahme des »Gravensteiners« sind alle diese Sorten gute Pollenspender.

Birnen

Schon um 200 v. Chr. gab es in den Gärten der Römer mindestens 200 verschiedene Birnensorten. Auch diese süße Baumfrucht ist schon seit Jahrtausenden beliebt bei den Feinschmeckern der verschiedensten Kulturen. Birnen sind allerdings etwas schwerer verdaulich als Äpfel. Ihr Gehalt an Vitamin A und C und ihr Mineralienreichtum ist jedoch ebenfalls beachtlich.
Im übrigen ist der Birnbaum, obgleich er aus derselben Familie der Rosengewächse stammt, anders geartet als der Apfelbaum. Er hat tiefreichende Wurzeln und liebt deshalb durchlässigen, aber nährstoffreichen Boden, Birnen gedeihen nicht bei hohem Grundwasserstand. Auch gegen kalkhaltige Böden sind sie empfindlich. Sie wachsen am besten in milden, warmen Lagen. Abgesehen von den Bodenunterschieden gilt für die Pflanzung eines Birnbaumes das gleiche wie beim Apfelbaum.
Gute Birnensorten sind »Clapps Liebling« und »Williams Christ«,

die im August und September reifen. Später im Herbst folgen »Alexander Lucas«, »Conference« und »Köstliche aus Charneu«. Eine haltbare Winterbirne ist die »Gräfin von Paris«. Außer »Alexander Lucas« sind alle diese Sorten auch gute Pollenspender. Man kann sie also beliebig miteinander kombinieren bei der Pflanzung.

Quitten

Nur noch selten findet man in den Gärten die einst so beliebten Quitten. Schon die Römer stellten aus dieser Frucht, vermischt mit Honig, eine Feinschmeckerkonfitüre her. Es wird sogar behauptet, daß der Apfel, den Paris der schönsten der Schönen reichte, eine Quitte war.

Auch im Garten des heutigen Genießers sollte dieser Baum einen Platz finden. Es gibt Birnen- und Apfelquitten, die im Geschmack ein wenig unterschiedlich sind. Beide stellen keine besonderen Bodenansprüche, brauchen aber Sonne für eine gute Entwicklung. Ihre porzellanrosa Blüten und die pelzigen gelben Früchte sind ein besonders hübscher, fast poetischer Anblick im nützlich-prosaischen Gemüsegarten.

Man kann die harten Quittenfrüchte allerdings nicht roh essen. Nur in Form eines köstlichen Gelees werden sie genießbar. Wer einige Quitten im Haus auf den Schrank oder in eine Schale legt, der kann sich den ganzen Winter an ihrem feinen Duft erfreuen. Es ist ein Hauch von Romantik und uraltem Wohlgeruch, der sanft durch moderne Räume zieht.

Johannisbeeren und Stachelbeeren

Eine kleine Auswahl von Beerensträuchern findet auch im kleinen Garten Platz. Man kann sie am Zaun entlang als fruchttragende Hecke pflanzen. Noch weniger Raum beanspruchen Stachelbeeren und Johannisbeeren in der Form von Hochstämmchen. Solche »Kronenbäumchen« sehen überdies reizend aus und verleihen dem Gartenbild ein liebenswürdig altmodisches Flair. Am Ende eines Beetes, nahe am Wegrand gepflanzt, nehmen sie den Gemüsekulturen nur wenig Platz weg.

Die Vorfahren der Beerensträucher können ihren Stammbaum aber nicht, wie Äpfel und Birnen, bis in die Römerzeit zurückverfolgen. Johannisbeeren und Stachelbeeren gehören zur Familie der Steinbrechgewächse. Sie sind mit der Hortensie, dem falschen Jasmin und den 300 verschiedenen Arten des Steinbrechs verwandt. Ihre Heimat ist das nördliche Europa, und dort gibt es auch noch Wildformen dieser Sträucher.

Für die Gärten wurden rote, weiße und schwarze Johannisbeeren gezüchtet. Sie enthalten sehr viel Fruchtsäure, Fruchtzucker und vor allem Vitamin C. Die roten Johannisbeeren haben den säuerlichsten Geschmack, weiße Beeren sind etwas süßer. Die schwarzen Johannisbeeren unterscheiden sich von beiden durch ein kräftig-würziges Aroma und durch den außerordentlich hohen Vitamin-C-Gehalt. Es gibt keine einzige Frucht im ganzen Garten, die die gesunden schwarzen Beeren darin übertreffen könnte. Den Unterschied zwischen roten und schwarzen Johannisbeeren kann man sogar im Winter feststellen. Wenn man die Zweige zwischen den Fingern zerreibt, verströmen sie einen ähnlich strengen Geruch wie die dunklen Beeren.

Johannisbeeren vertragen zwar leichten Halbschatten, aber sie tragen um so besser, je luftiger und sonniger sie stehen. Die Sträucher werden etwa eine Handbreit tiefer gepflanzt, als sie in der Baumschule gestanden haben. Dadurch treiben sie von der Basis her reichlich neue Jungtriebe. Bei der Pflanzung, die am besten im Herbst vorgenommen wird, schneidet man alle vorhandenen Zweige auf ein Drittel zurück. Später muß der Schnitt unter verschiedenen Gesichtspunkten durchgeführt werden. Rote Johannisbeeren tragen am besten am zwei- und dreijährigen Holz. Deshalb schneidet man nach der Ernte nur ältere Triebe, die man an der dunklen Holzfärbung erkennt, ganz zurück und läßt dafür einige Neutriebe nachwachsen. Schwarze Johannisbeeren tragen dagegen vorwiegend am einjährigen Holz. Deshalb muß der Gärtner immer für reichlich neue Triebe sorgen. Er kürzt nach der Ernte die Zweige ein oder schneidet sie bis zum Boden zurück, damit neue Triebe entstehen.

Im übrigen sollte man bei allen Sträuchern die Faustregel beachten: nie nach innen zuwachsen lassen. Der Gärtner muß die Übersicht über die Zahl der Äste behalten, und der Strauch braucht Luft, um gesund zu bleiben. Altes Holz muß immer direkt am Boden entfernt werden. Dies gilt ganz besonders für die Stachelbeeren. Alle Triebe, die älter als drei Jahre sind, müssen regelmäßig weggeschnitten werden.

Auch zwischen den Beerensträuchern sollte genügend Platz bleiben. Ein Abstand von $1^1/_2$ Meter bewährt sich am besten. Für die flachen, verzweigten Wurzeln ist, genau wie bei den Apfelbäumen, eine Kompost- und Mulchabdeckung ideal. Bei dieser einfachen, aber wirkungsvollen Pflege bleiben die Sträucher gesund und tragen reichlich. Für die Kronenbäumchen wird der süße Segen manchmal sogar zu schwer. Der Gärtner muß sie dann sorgsam von unten abstützen, damit sie nicht brechen. Bei Stachelbeeren kann man sich dadurch helfen, daß man eine Portion Früchte in halbreifem Zustand abpflückt und einkocht. Die nachreifenden Beeren haben dann mehr Platz und werden besonders schön.

Auch bei den Stachelbeeren gibt es verschieden gefärbte Sorten. Sie können grün, weiß, gelb oder rot aussehen. Manche haben eine glatte Schale, andere sind etwas behaart. Stachelbeeren gedeihen besonders gut als Hochstämmchen. Bei der Ernte haben sie außerdem den Vorteil, daß man sich nicht ständig zu bücken braucht. In den hübschen runden Kronen wachsen dem Gärtner die süßen Früchte beinahe in den Mund.

Die folgenden Beerenobstsorten sind überall erhältlich und anerkannt gut:

Rote Johannisbeeren:
»Heros«
»Jonkheer van Tets«
»Rote Holländische«

Weiße Johannisbeeren:
»Weiße Versailler«
»Weiße Jüterboger«

Schwarze Johannisbeeren:
»Rosenthals Langtraubige«
»Silvergieters Schwarze«

Gelbfrüchtige Stachelbeeren:
»Hönigs früheste Gelbe«
»Lauffener Gelbe«

Weißfrüchtige Stachelbeeren:
»Weiße Triumph«
»Weiße Volltragende«

Grünfrüchtige Stachelbeeren:
»Grüne Kugel«
»Lady Delameere«

Rotfrüchtige Stachelbeeren:
»Maiherzog«
»Mauks früheste Rote«
»Rote Triumph«

Rezepte

Quitten-Gelee

Fruchtsaft mit dem Entsafter zubereiten oder aber die gesäuberten Früchte in kleine Stücke schneiden und eben mit Wasser bedeckt langsam weichkochen. Den Saft durch ein sauberes Küchentuch über Nacht ablaufen lassen. Man rechnet auf 1 l Saft 1000 g Zucker. Den Saft mit einem Stück Vanilleschote zum Kochen bringen und während des Erhitzens den Zucker langsam einrühren. Nach dem Aufkochen unter ständigem Rühren noch 10 bis 15 Minuten weiterkochen. Gelierprobe machen. Das Gelee mehrmals abschäumen, in angewärmte Gläser füllen und zubinden.

Johannisbeer-Dessert

Rote Johannisbeeren werden gewaschen, von den Stielen gestreift und mit Zucker bestreut. Man läßt sie eine halbe Stunde ziehen und mischt sie mit geschlagenem Quark oder Joghurt oder Schlagsahne.

Gelee aus schwarzen Johannisbeeren

Fruchtsaft mit dem Entsafter gewinnen, sonst die gewaschenen und entstielten Beeren in einem Topf zerdrücken, aufkochen und ablaufen lassen, wie beim Quit-

ten-Gelee. Auf 1 l Saft 1000 g Zucker nehmen. Während des Erhitzens den Zucker langsam einrühren. Der Zucker soll erst kurz vor dem Aufrühren völlig eingestreut sein.
Das Gelee unverzüglich nach dem ersten Aufwallen vom Herd nehmen, abschäumen und in heiße Gläser füllen. Abkühlen lassen und zubinden.

Rote Grütze
Rote Johannisbeeren waschen, entstielen, mit etwas Wasser aufkochen lassen und durch ein Sieb streichen. In einem Topf mit Zucker nach Geschmack zum Kochen bringen und gewaschene und entsteinte Sauerkirschen und/oder Himbeeren dazugeben. Diese Früchte sollten nicht zerfallen. Gelatine nach Vorschrift auflösen und unter die warme Speise rühren. Über Nacht steif werden lassen und am nächsten Tag gut gekühlt mit Vanillesoße oder flüssiger Sahne servieren.

Rumtopf mit Früchten aus dem eigenen Garten
Einen großen Steintopf bereitstellen und die Früchte einlegen, wie die Jahreszeit und der Garten sie bescheren.
Man rechnet auf je 500 g Früchte eine halbe Flasche 54%igen Rum und 250 g Zucker.
Erdbeeren werden gewaschen, entstielt und möglichst ganz gelassen. Himbeeren und Stachelbeeren werden ebenfalls ganz eingelegt. Kirschen brauchen nicht entsteint zu werden. Aprikosen und Pfirsiche nach dem Waschen kurz in kochendes Wasser legen, abziehen und in Stücke schneiden. Birnen ebenfalls schälen und kurz dünsten, falls sie nicht weich sind. Reineclauden oder Mirabellen ebenfalls nicht entsteinen. Pflaumen halbieren und entkernen.
Den Rumtopf immer kühl und dunkel aufbewahren, zudecken oder zubinden. Vier Wochen nach dem Einfüllen der letzten Früchte noch einmal eine halbe Flasche hochprozentigen Rum nachfüllen.
Die Flüssigkeit muß immer zwei Fingerbreit über den Früchten stehen, sonst werden sie schimmelig.
Nach einer weiteren Woche können die ersten Früchte probiert werden. Man ißt sie zum Dessert, zu Eis, Puddings, Quark, Sahne oder Gebäck.

Stachelbeer-Kaltschale
Gewaschene und geputzte Stachelbeeren mit wenig Wasser und Zucker nach Geschmack langsam garen. Ein Päckchen Vanillezucker hinzufügen. 1–2 Eßlöffel Mondamin mit Weißwein anrühren und zu dem Kompott geben. Aufkochen lassen. Die Speise kalt stellen und mit geschlagener oder flüssiger Sahne servieren.

16

Winterfreuden für Gartenfreunde und Feinschmecker

Es ist seit jeher der Wunschtraum der Gärtner und der Feinschmekker, vom Reichtum des sommerlichen und herbstlichen Gartens möglichst viel in die kalte, vitaminarme Jahreszeit hinüberzuretten. Die unterschiedlichsten Konservierungsmethoden wurden im Laufe der Jahrtausende für diesen Zweck entwickelt. Einige versuchen dabei den Wohlgeschmack der Früchte möglichst getreu zu erhalten. Möhren, die im Keller in Sand eingeschlagen werden, verändern ihr Aroma kaum, sie werden höchstens etwas fader und ausdrucksloser mit der Zeit. Auch bei der modernsten Methode der Haltbarmachung, beim Einfrieren, sollen die verschiedenen Gemüse- und Obstarten möglichst unverändert bewahrt bleiben.

Etwas ganz anderes geschieht bei der Konservierung in Essig- oder Salzlake und beim Trocknen. Die Früchte werden für mehr oder weniger lange Zeit haltbar gemacht, aber sie werden dabei gleichzeitig einem Verwandlungsprozeß unterworfen. Sie verändern ihren Geschmack. Essiggurken sind etwas ganz anderes als frische Gartengurken. Ebensowenig kann man Sauerkraut mit normalem Weißkohl vergleichen. Auch gedörrte Bohnen bereiten ganz neue, ungeahnte kulinarische Genüsse. Sie sind von frischen grünen Bohnen so verschieden wie Tag und Nacht.

Wenn ich an dieser Stelle die alten Konservierungsmethoden des Dörrens und des Einlegens in Salz- oder Essiglake weitergebe, dann geschieht das nicht nur in Erinnerung an die Einmachkünste meiner Großmutter. Wichtig erscheint mir dabei auch die Gewinnung ganz neuer Gaumenfreuden.

Das Einlegen von Früchten und Gemüse in Steinguttöpfen hat auch für moderne Hausfrauen einige unbestreitbare Vorteile. Man kann relativ schnell und problemlos größere Erntemengen verarbeiten. Wenn der Gärtner im Überfluß schwelgt, wenn eine unerwartete Gurken- oder Tomatenschwemme hereinbricht, dann ist das Einmachen mit

Salz und Essig viel schneller zu bewältigen als das mühsame Einkochen. Vitamine und Mineralien werden dabei weitgehend geschont. Für kleine Haushalte sollte man die hübschen Portionsgefäße aus blaugrauem Steinzeug benutzen. Darin kann man süßsaure Gurken, Kürbisstücke oder Tomaten einlegen, aufbewahren und auch servieren. Im Keller sind diese handlichen Töpfchen auch leichter in Regalen unterzubringen als die schweren 20- bis 40-Liter-Töpfe, die für Großmutters umfangreiche Familie gerade richtig waren, für heutige Verhältnisse aber viel zu groß und unpraktisch sind. Nur für Sauerkraut darf man das Gefäß nicht zu klein wählen. Acht bis zehn Liter Fassungsvermögen genügen aber völlig.

Rezepte

Saure, salzige und getrocknete Spezialitäten

Großmutters Sauerkraut-Rezept
Die Weißkohlköpfe für das Sauerkraut werden im September geerntet und bleiben dann eine Nacht lang liegen. Dann werden sie geputzt und in der Mitte durchgeschnitten. Der harte Kohlstrunk muß entfernt werden. Für den nächsten Arbeitsgang braucht man ein Hobelbrett, ein kräftiger Gurkenhobel tut es aber auch. Über einer großen Schüssel oder einer Plastikwanne wird der Weißkohl nun in Streifen gehobelt. Über das kleingeschnittene Kraut streut man anschließend Salz und Wacholderbeeren und mengt alles mit den Händen durcheinander. Für einen 40-Liter Topf brauchte Großmutter gut ein Pfund Salz, bei kleineren Töpfen nimmt man entsprechend weniger.

Der Steinguttopf wird vor dem Gebrauch sorgfältig mit heißem Wasser gescheuert und an der Sonne getrocknet. Bevor man mit dem Einstampfen beginnt, legt man auf den Boden des Topfes einige unversehrte große Weißkohlblätter. Dann wird das Kraut lagenweise eingefüllt. Immer wenn eine Schicht von 10 bis 20 cm hinzugekommen ist, stampft man das Kraut mit den Fäusten oder mit einem Holzstampfer fest. Der Topf darf aber nicht ganz gefüllt werden. Ein Rand von gut 10 cm muß frei bleiben.

Zunächst bleibt der Steinguttopf, nur mit einem sauberen Leinentuch abgedeckt, in der Küche stehen. In der Nacht beginnt das Sauerkraut zu gären. Den Schaum, der dann aufsteigt, muß man am nächsten Tag sorgfältig abschöpfen. Dann kocht man einen Topf voll Wasser mit einem Eßlöffel Salz ab, läßt die Flüssigkeit abkühlen und gießt sie über das eingestampfte Sauerkraut. Die konservierende Lake muß auf jeden Fall das Kraut ganz bedekken. Zum Schluß legt man ein sauberes Leinentuch auf die oberste Sauerkrautschicht und darüber ein Holzbrettchen oder einen Steingutring, den es manchmal passend zu den Töpfen gibt. Das Brettchen muß noch mit einem sauberen Stein beschwert werden.

Nun kann der Sauerkrauttopf in einen kühlen Kellerraum gestellt werden. Einmal in der Woche muß man ihn säubern. Man nimmt den Deckel und das Tuch weg, schöpft den »Kahm« ab, der sich gebildet hat, und gießt eventuell etwas kaltes abgekochtes Salzwasser nach. Leinentuch, Brettchen und Stein müssen auch kurz gesäubert werden. Nach 6 Wochen ist das Sauerkraut fertig. Von nun an kann man, so oft man will und solange der Vorrat reicht, eigenes vitaminreiches Sauerkraut aus dem Keller holen – ganz so, wie es Großmutter auch machte!

Sauerkraut

Sauerkraut aus dem eigenen Topf sollte nicht gewaschen werden, um die Milchsäure zu erhalten. Man dünstet eine kleingehackte Zwiebel in Öl oder Schmalz an, gibt das lockergezupfte Sauerkraut, einige Wacholderbeeren, etwas Zucker und Wasser hinzu und läßt das Kraut in geschlossenem Topf 45 bis 60 Minuten garen. Mit einer rohen Kartoffel, die man zum Schluß darunterreibt, kann man die Flüssigkeit etwas binden.

Man kann mit dem Sauerkraut Rippchen, Kasseler Rippspeer oder Mettwürstchen schmoren.

Saure Bohnen

Saure Bohnen werden nach dem gleichen Prinzip eingelegt wie das Sauerkraut. Man verwendet dazu am besten Stangenbohnen. Sie werden gewaschen, fein geschnibbelt und kurz in Salzwasser aufgekocht. Dann schüttet man die Bohnen auf ein sauberes Tuch und läßt sie abkühlen. Die Bohnen dürfen auf keinen Fall warm eingelegt werden!

In einer großen Schüssel werden die Bohnen dann mit Salz und Pfeffer vermischt. So vorbereitet, schichtet man sie lagenweise in den Steintopf und drückt sie nur leicht mit den Händen an. Der gefüllte Topf muß ein paar Tage lang im warmen Raum stehenbleiben, bis die Gärung richtig in Gang gekommen ist. Dann schöpft man den Kahm ab und füllt den Topf, genau wie beim Sauerkraut, mit abgekochtem Salzwasser auf. Auch die Bohnen werden mit einem Leinenlappen abgedeckt und mit einem Holzbrettchen und einem Stein beschwert. Sie werden im Keller aufbewahrt und einmal in der Woche überprüft und gesäubert.

Versteckte Salzgurken

Dies ist ein besonders praktischer Großmutter-Tip: Wer zur

Bohnenzeit gleichzeitig kleine Gurken im Garten hat, kann einige davon auf einfachste Weise mitkonservieren. Zu diesem Zweck werden die Gürkchen in kaltem Salzwasser sauber geschrubbt und anschließend tief in die eingelegten sauren Bohnen gesteckt. So hat man auch noch eine Portion Salzgurken von ganz besonders gutem Aroma.

Gewürzgurken
Zum Einmachen von Gurken verwendet man am besten kleinere Portionsgefäße, die praktisch und übersichtlich im Verbrauch sind und auch so, wie sie sind, auf den Tisch gestellt werden können.
Kleine bis mittelgroße Gurken werden gründlich abgebürstet und bleiben dann über Nacht in Salzwasser liegen. Dann nimmt man sie heraus, trocknet sie ab und schichtet sie in die Steinguttöpfe. Nun kocht man ein Gemisch aus einem Liter Essig, einem Liter Wasser, einem Eßlöffel Salz, zwei Eßlöffeln Zucker, Senfkörnern, einigen Perlzwiebeln, Lorbeerblättern, Pfefferkörnern, Dillkronen und Nelken auf. Die Flüssigkeit muß abkühlen und wird dann über die Gurken geschüttet, so daß sie ganz davon bedeckt sind. Zum Schluß braucht man die Töpfe nur noch mit Einmachhaut zuzubinden und in den Keller ins Vorratsregal zu stellen. Sie sind ohne weitere Arbeit sehr lange haltbar.

Rote Bete
Die runden Rüben müssen sehr vorsichtig geputzt werden. Es darf keine Verletzung dabei entstehen, denn aus jeder kleinen Ritze würde sofort der kostbare rote Fruchtsaft ausfließen. Die Roten Bete werden in Wasser gekocht, bis sie sich weich anfühlen. Die Haut wird, solange die Früchte noch warm sind, abgezogen, dann schneidet man sie in Scheiben und schichtet sie in Steinguttöpfe.
Anschließend kocht man je einen Liter Essig und Wasser zusammen mit etwas Salz und Zucker, Kümmel, Nelken, Lorbeerblättern und Zwiebelringen auf. Die erkaltete Brühe wird über die Roten Bete gegossen. Zubinden und zu den Gurken in den Keller stellen.

Süß-saure grüne Tomaten
Wenn die letzten Tomaten im Herbst nicht mehr reif werden, sammelt man die kleinen grünen Früchte. Sie dürfen aber höchstens nußgroß sein. Man wäscht sie und kocht sie dann in einer Mischung aus halb Essig, halb Wasser weich. Auf einen halben Liter dieser Kochbrühe rechnet man 250 Gramm Zucker, etwas Zimt, Nelken und Zitronenschale (ungespritzt). Die grünen Tomaten werden in dieser Flüssigkeit mehrmals aufgekocht und zum Schluß zusammen mit der Brühe in Steintöpfe gefüllt, zugebunden und im Keller aufbewahrt.

Kräuteressig
Ein delikater Kräuteressig ist sehr schnell und einfach selbst gemacht. (Als Spezialität in Feinkostgeschäften ist er sehr teuer!) Estragon, Dill, Basilikum und Zitronenmelisse werden entweder zusammen oder einzeln verwendet. Man kann die Kräuter fein hacken, die Blättchen abzupfen oder ganze Stengel verwenden. Sie werden einfach in eine Flasche gefüllt, mit feinem Weinessig übergossen und verschlossen. Die Flaschen sollen etwa eine Woche auf einer sonnigen Fensterbank stehen und werden in dieser Zeit öfter kräftig geschüttelt. Dann können sie ins Vorratsregal gestellt werden und sind jederzeit einsatzbereit.

Getrocknete Bohnen
Zum Dörren kann man sowohl Stangen- als auch Buschbohnen verwenden. Sie werden von den Fäden befreit, gewaschen und in fingerlange Stücke gebrochen. Dann kocht man sie 10 Minuten lang in Wasser ab, gießt die Flüssigkeit weg und läßt die Bohnen auf sauberen Tüchern gut abtropfen. Anschließend können sie auf Rosten ausgebreitet und in den Backofen geschoben werden. Hier trocknen sie sehr langsam bei ganz schwacher Wärme. Der Prozeß kann mehrere Stunden dauern, aber man muß immer wieder nachschauen und darauf achten, daß die Bohnen nicht hart und dunkel werden. Die gedörrten Bohnen werden anschließend trocken und staubsicher aufbewahrt, am besten in geschlossenen Gläsern und Dosen.
Bevor man ein bis zwei Handvoll Dörrbohnen kocht, setzt man sie über Nacht in kaltem Wasser an. Diese Flüssigkeit wird am nächsten Tag zum Kochen weiterbenutzt. Sie ist so würzig aromatisch, daß man das Gemüse darüber hinaus nur noch mit Bohnenkraut und einem Stück geräuchertem Kasseler, das langsam mitgart, zu würzen braucht. Wenn die Bohnen weich sind, muß die Brühe soweit eingekocht sein, daß man sie als Soße verwenden kann. Zu Dörrbohnen schmeckt am besten Kartoffelpüree.

Getrocknete Birnen und Äpfel
Man verwendet nur reife, schon etwas mürbe Birnen, die in Wasser ganz kurz aufgekocht werden. Danach schält man sie, schneidet sie in Hälften oder Viertel und entfernt die Kerngehäuse. Die Obststücke werden auf Backofenroste, die vorher mit Pergamentpapier ausgelegt werden, ausgebreitet.
Äpfel, die zum Trocknen bestimmt sind, müssen von tadelloser Beschaffenheit sein. Sie wer-

Dillblüten – die später reifenden Samenstände werden als Würze zu eingelegten Gurken verwendet.

den geschält, entkernt und in dünne Scheiben geschnitten. Damit sie ihre schöne helle Farbe behalten, legt man die Schnitzel ganz kurz in Essig- oder Zitronenwasser. Sie werden anschließend auf Tüchern vorgetrocknet und dann genau wie die Birnen auf Rosten ausgebreitet. Beide Früchte werden im Backofen bei mäßiger Wärme sehr langsam getrocknet. Man muß sie herausnehmen, bevor sie hart werden.
Aus getrockneten Äpfeln und Birnen kann man im Winter, wenn man ihnen das entzogene Wasser wieder zusetzt, delikate Nachspeisen zubereiten. Sie werden in der Zwischenzeit in gutverschlossenen Gläsern oder Dosen aufbewahrt.

Trotz Kälte frische Vitamine – Sojabohnenkeime wachsen auch im Winter

Das Einmachen ist eine nahrhafte und nützliche Angelegenheit. Aber für Gärtner bedeutet es im Winter nur einen schwachen Trost, daß die Früchte ihrer Mühen gut aufgehoben sind. Selbst das genüßliche Naschen am Rumtopf hilft ihnen nicht, wenn die Erde gefroren ist. Sie wissen nun nicht, wohin mit ihren Händen und mit ihren Träumen. Deshalb sinnen Gärtner im Winter unentwegt auf Auswege. Sie sind ständig und beharrlich auf der Suche nach grünem Leben.
In den vorangegangenen Kapiteln wurden schon einige Vorschläge für winterliche Gärtnerfreuden gemacht. So kann die Anzucht von Chicorée im Keller die brachliegenden Schöpferkräfte eine Weile beanspruchen. Auch die Gewürzkräuter im Blumentopf auf der Fensterbank erhalten die Illusion einer geretteten Gartenecke lebendig. Aber das Herz eines Gärtners ist damit noch nicht zufriedenzustellen. Er vermißt das Wichtigste und Lebendigste: das Säen und das Zusehen beim Wachsen. In dieser notgedrungen frostigen Situation kann eine alte Küchenkunst aus dem fernen Osten Linderung verschaffen: die eigene Herstellung von Sojabohnenkeimen. Die kugelrunden Samenkörner dieser eiweißreichen Bohne keimen und wachsen auch ohne Erde. Gärtner und Köche können diesen faszinierenden Prozeß im Winter so oft sie wollen in Gang setzen und beobachten. Für die Küche entstehen dabei ohne viel Mühe gesunde, vitaminreiche Beilagen in einer sonst kargen Jahreszeit.
Das chinesische Rezept für die Anzucht von Sojabohnenkeimen erhielt ich von einem Asienkenner, der Jahrzehnte seines Lebens im fernen Osten verbrachte. Für diesen winzigsten aller Gärten, der sogar auf dem Küchenschrank Platz hat, baut man sich ein einfaches Holzgestell, in dem sechs Böden aus Fliegendraht übereinander angebracht sind. Am ersten Tag werden Sojabohnen auf das oberste Fach ge-

streut, mit Wasser überbraust und mit einer Papierserviette oder einem Tuch abgedeckt. Am zweiten Tag stellt man das zweite Fach nach oben, das erste eine Etage tiefer. Wieder werden Bohnen ausgestreut und befeuchtet. Am nächsten Tag kommt das dritte Fach nach oben. Nr. 1 und Nr. 2 wandern weiter nach unten. Dieses Gärtnerspiel kann man ungefähr eine Woche lang betreiben. Am 5. Tag sind die weißen Keime der Sojabohnen im ersten Fach fertig zum Verzehr. Die Chinesen sagen, daß sie genau nach dieser Zeit am zartesten und nährstoffreichsten sind. Wer nicht tagelang frische Sojabohnenkeime essen möchte, der kann es sich auch einfacher machen. Die Samenkugeln werden dann einfach zwischen zwei feuchte Servietten gelegt, die in einem tiefen Teller Platz haben. Der Keimungsprozeß ist der gleiche. Man erntet aber jeweils nur so viele Keime, wie man frisch verwenden möchte.

Sojakeime als Salat

Die weißen Keime ergeben einen knackigen, vitaminreichen Salat. Sie werden mit einer Salatmarinade übergossen und können je nach Geschmack mit anderem kombiniert werden. Dazu passen zum Beispiel Mandarinenstückchen, Ananas und frische Nüsse.

Sojabohnenkeime gedünstet

Die Keime werden in heißem Pflanzenöl zusammen mit einer halben Zehe Knoblauch kurz erhitzt und mit einem kleinen Schuß Sojasoße gewürzt. Im geschlossenen Topf dürfen sie nur fünf Minuten auf kleinster Flamme dünsten. Nur bei kurzer, schonender Zubereitung bleiben die Vitamine erhalten. Sojabohnenkeime kann man als Gemüsebeilage, als Füllung und als Zutat zu gebratenem Fleisch verwenden.

Ein Nachwort für stille Genießer

Vielleicht ist es kein Zufall, daß ich zum Schluß dieses Garten- und Genießerbuches eine kleine Anleihe bei den Chinesen gemacht habe. Unsere Erde ist durch die modernen Verkehrsmittel bis in die letzten Winkel erreichbar und überschaubar geworden. Pflanzen und Früchte, von denen Großmutter noch nichts ahnte, gelangen schnell und mühelos in unsere Gärten und auf unsere Tische.
Es wird uns leichtgemacht, neue Delikatessen zu erproben. Aber im Grunde genommen hat sich dabei nur das Tempo der Ereignisse auf atemberaubende Weise erhöht. Gewächse, die in früheren Jahrhunderten wochenlang in dunklen Schiffsbäuchen über die Weltmeere schaukelten, gelangen heute innerhalb von Stunden durch die Lüfte von einer Seite der Welt auf die andere. Gewandert sind sie aber schon immer – rund um die Erde, mühsam und geduldig. Und diese uralten Pflanzenwanderungen, die manchmal Jahrhunderte dauerten, bis sie irgendwann in unseren Gärten endeten, sind wie ein Gleichnis für alle Gärtnerarbeit. Es läßt sich nichts aus dem Boden stampfen. Was gut und delikat werden soll, braucht seine Zeit und seine Pflege . . . und noch ein wenig mehr: es braucht Liebe. Deshalb dürfen Gemüsegärtner unbesorgt ihre Bohnen poesievoll »Prinzeß« rufen, dürfen Köche aus gleichem Grunde die ersten Frühkartoffeln »ein Gedicht« nennen. Denn zur Liebe gehört im Garten wie anderswo zärtlicher Überschwang.
Die Gartentore des Feinschmeckers sollten immer weit offenstehen für neue unbekannte Herrlichkeiten. Aber der Lärm und die Hetze unserer schnellebigen Zeit sollten nicht in diese kleine, ruhige Welt eindringen. Gärtner müssen gelassen und geduldig bleiben, sonst gerät der Grundrhythmus des Lebens durcheinander.
»Eile langsam, so wirst du bald am Ziel sein«, sagte einst der weise Tibeter Milarepa. Es ist ein Spruch, der gut zu Gärtnern paßt. Auch Großmutter, die nie eine hastige

Bewegung machte und doch alle Arbeiten bewältigte, hätte ihm zugestimmt. Von ihr habe ich gelernt, daß Gartenmenschen sich nach der Natur richten müssen – nicht umgekehrt! Der Herzschlag der alten Mutter Erde aber geht ruhig und gleichmäßig.
In diesem friedlichen Mittelpunkt einfacher grüner Philosophie treffen sich Gärtner und Feinschmecker. Denn auch zu einem guten Essen braucht man Zeit und Muße. Man muß es in Ruhe zubereiten und entspannt genießen können. Sonst ist alle Mühe vergebens.
Dies ist es, was ich im Laufe der Jahre in meinem Garten außer Kohlköpfen und Tomaten geerntet habe: die Erfahrung, daß selbst auf den einfachsten Gemüsebeeten ganz nebenbei auch eine besondere Art des Glücks gedeiht, ein stilles, aber ein sehr beständiges Glück.
Ich wünsche Ihnen, daß Sie es auch finden, wenn Sie sich nach dem ersten Radieschen bücken, wenn die Äpfel reifen und wenn der Geruch frischer Gurken ihre Feinschmekkerküche erfüllt.

Register

Bildnachweis

Beate Foto, Weinheim (1); Stein/Samen Sperling, Lüneburg (3); Dr. Jesse, Köln (3); flora-Bild, Burda GmbH, Offenburg (1); Archiv Gärtner Pötschke, Kaarst (3); Graphic Art Center Publishing Company; Wilson, Portland, Oregon (1)

Natur erleben.
Ist das Unkraut eine Blume? Wächst im Juli roter Klee? Hahnenfuß fürs Vieh zum Naschen? Frauenmantel unterm Schnee? Sagen Sie ja nicht, Gewächse seien zum Auswachsen! Auch „Wildblumen in Wald und Wiese“ von Francesca Greenoak beantwortet die natürlichsten Fragen.

® Ravensburger